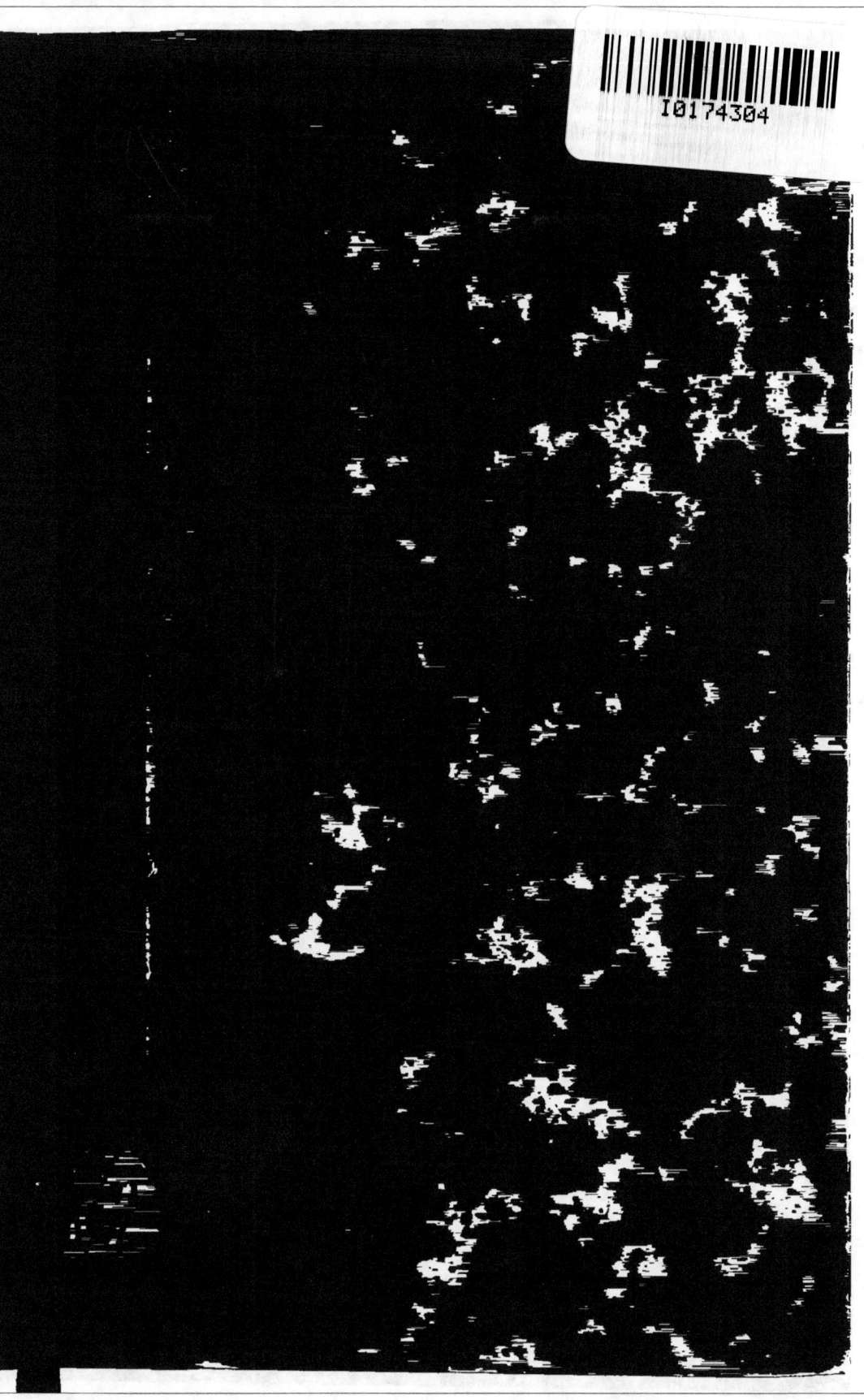

DOCUMENTS

SUR

L. SOULLIÉ

Prix : 75 c.

VERSAILLES
IMPRIMERIE CERF, RUE DU PLESSIS, 59
1866

Pour recevoir la brochure, adresser *franco*, 75 c. en timbres-poste, à M. L. Soullié, 87, rue des Chantiers, Versailles.

PRÉFACE

La pensée qui a dicté la publication de ces documents sera facilement comprise.

On a cru qu'ils seraient un élément utile pour l'appréciation d'une personnalité qui, dans ces derniers temps, a été beaucoup discutée.

Il importe, en effet, dans un débat contradictoire, d'abord que toutes les parties soient entendues, et ensuite que le jugement général se forme d'après des données sérieuses, des faits positifs et non par les conceptions d'imaginations actives ou par les suppositions de la malignité.

Ce livre ne s'adresse évidemment qu'aux esprits impartiaux, à ceux qui cherchent la vérité, aux hommes qui désirent non la *fabriquer;* mais la *trouver;*

pour les autres, en effet, il est à peine besoin de le dire, aucun éclaircissement n'est nécessaire.

Les pièces insérées dans ce recueil ont toutes été collationnées sur les originaux ; aucun doute ne saurait donc être élevé sur leur parfait littéralisme.

Si leur lecture peut aider l'opinion à se former sur des bases solides, dans une question bien débattue, le but de leur rédacteur aura été atteint.

L. SOULLIÉ.

DOCUMENTS SUR L. SOULLIÉ

I

L. Soullié est né à Versailles, le 30 mars 1832. Sauf une vingtaine de mois passés à Rennes, à Langres, à Lyon, à Toulon et en Crimée ; il a toujours habité cette ville.

Son père, homme d'un caractère assez difficile, quitta Versailles vers 1834, et laissa L. Soullié aux soins de sa mère. Celle-ci déploya pour l'élever un très-grand courage et un profond dévouement. Elle ne gagnait, par son travail comme empailleuse de chaises, qu'un bien modique salaire, et ce n'est que par un labeur assidu et presque constant du jour et de la nuit, qu'elle parvint à l'élever. Ce que Dieu peut déposer d'énergie, d'amour et de courage dans un débile corps de femme, affaibli par les privations et tourmenté par la souffrance, est parfois incompréhensible.

De l'enfance de L. Soullié, il y a peu de choses à dire. Un trait seulement peut être narré, car il relate la seule action mauvaise que Soullié se rappelle avoir jamais commise.

Soullié aimait passionnément la lecture, sa mère dont la pauvreté était grande ne pouvait guère fournir à ses désirs sous ce rapport, si ce n'est par le don de quelques sous donnés de temps en temps. Soullié avait l'habitude de s'arrêter le soir, lorsqu'il rentrait de l'école, devant les magasins des marchands bouquinistes, et d'examiner les livres qui se trouvaient à leur étalage. Un jour, il fut tellement captivé par la lecture d'un de ces livres, qu'après en avoir lu une centaine de pages, sentant que sa mère s'impatientait en l'attendant, et voulant cependant voir la fin du récit qu'il avait commencé, il mit le livre dans sa poche et se sauva à toutes jambes. Nous devons dire qu'il avait l'intention de le rapporter après l'avoir lu; mais le marchand, propriétaire du livre, ignorait ses intentions à cet égard, et en voyant son livre lui être dérobé par cet enfant qu'il connaissait très-bien; il courut derrière Souilié et arriva chez l'enfant dans un grand état de colère. La pauvre femme fut consternée en apprenant le larcin que son fils avait commis, et dans son indignation, elle arracha une petite bibliothèque appendue au-dessus du lit de son fils, et chassa tous les livres dans un coin de la chambre; ils y restèrent pendant un mois, et ce ne fut qu'au bout de ce temps que Souilié eut la permission de relever ses bouquins chéris et de les remettre en ordre.

Souilié fréquenta les diverses écoles primaires de sa ville natale jusqu'à l'âge de douze ans, après quoi il fut placé en apprentissage, mais il n'y resta point, et eut l'idée assez singulière de composer des pièces de théâtre, lui, qui dans sa vie, n'y a été que trois fois. Pendant deux ans environ, il usa du papier sur ce sujet assez inutilement du reste, puisqu'aucune de ses compositions n'eut les honneurs de la scène.

Voici sur cette partie de sa vie un document qui est resté en sa possession; c'est une lettre de M. Félix Pyat, par laquelle cet auteur lui accusait réception de deux manuscrits déposés chez lui.

« Monsieur,

» Les embarras d'une première représentation m'ont empêché de vous répondre plus tôt; vous voudrez bien m'excuser.

» J'ai lu vos deux ouvrages avec un grand plaisir : le premier me paraît impossible par la censure qui court; les personnages que vous mettez en scène touchent de trop près le Dieu qui nous mène, comme dit M. Guizot, pour que l'on vous en permette la représentation; le second aurait beaucoup plus de chances, mais, selon moi, il aurait besoin d'être un peu retouché, resserré, remis par exemple en trois actes, l'action y gagnerait, je crois, de la gravité et de la force, et votre drame serait très-digne de succès, ainsi modifié.

» Voilà mon opinion bien nue et bien crue, toute franche, comme je la dois à un jeune homme d'avenir comme vous. Je vous la donne pour ce qu'elle vaut, elle peut être erronée, du moins elle est sincère; le style de l'œuvre est bon, les caractères logiques; mais, je le répète, l'action me semble pécher un peu. Voyez, revoyez donc, vous êtes jeune, vous avez le temps pour vous. Je sais que vous êtes pauvre et que vous ne pouvez guère attendre; pourtant quelques jours de travail de plus feront beaucoup à l'affaire, et coûte que coûte, il serait bon de remanier la chose si vous le pouvez, c'est ma conviction (1).

» Tout à vous,

» Félix PYAT. »

25 mai 1847.

Mais la composition de pièces de théâtre ne pouvait faire vivre un enfant aussi ignorant que l'était Soullié; il le comprit, et retourna à ses moutons, c'est-à-dire, à un métier.

Le 1er novembre 1848, il entra comme apprenti chez un imprimeur à Versailles. D'après les termes de son contrat d'apprentissage, il devait rester trois ans sans rien gagner; la pauvreté de sa mère ne lui permit pas d'attendre un aussi long espace de temps, et le 5 août 1849, il contracta un engagement de deux ans, au 62e de ligne, alors en garnison à Versailles.

Engagé le 5 août 1849, Soullié fit immédiatement à pied le chemin qui sépare Versailles de la ville de Rennes où se trouvait alors le dépôt du 62e. Il resta deux mois dans cette ville, puis revint à Versailles avec son bataillon. Il demeura à Versailles comme soldat pendant onze mois (2), puis alla à Paris au campement des Invalides. Après quatre mois de résidence dans cette ville, il partit pour Neufbrisach (Haut-Rhin), où il eut son congé. Le 5 août 1851, il revint à Versailles.

Deux détails sont à noter ici : le premier, c'est qu'en quit-

---

(1) Les manuscrits dont il est ici question, s'égarèrent dans les bureaux du théâtre Beaumarchais, et le sort précis qu'ils eurent ne fut jamais bien connu de leur auteur.

(2) Pendant son séjour à Versailles, Soullié composa quelques feuilletons qui furent insérés dans les journaux de la ville.

tant Neufbrisach, Soullié, au lieu de revenir à Versailles par la route la plus courte, fit à pied le chemin de Colmar à Strasbourg, afin de voir la célèbre cathédrale ; le second, c'est qu'arrivé à V... (Champagne), il trouva un maire peu accomodant qui lui refusa son billet de logement, parce que, disait-il, il n'était pas sur sa route, le menaçant même de la gendarmerie, parce qu'il ne suivait pas le chemin qui, de Neufbrisach, devait le conduire à Versailles. Soullié, effrayé de cette menace, fit trois étapes en un jour, et prit le chemin de fer qui, de Bar-le-Duc, le conduisit à Paris (1). Arrivé dans cette ville à dix heures du soir, il fut contraint pour ne pas y coucher, de faire encore à pied les quatre lieues qui la séparent de Versailles.

A son arrivée dans ses foyers, Soullié travailla pendant quelque temps avec sa mère, puis il entra chez un avoué.

Il atteignit le tirage au sort et eut un mauvais numéro. Il fut incorporé dans la réserve de 1852, qui fut appelée à l'activité en 1854.

La situation de Soullié était à cette époque un peu différente de celle qu'il avait en 1849. Il gagnait peu, mais il avait quelques espérances pour l'avenir, et ce fut avec une profonde tristesse qu'il se vit obligé de repartir pour l'armée.

Des démarches furent faites par diverses personnes pour le faire maintenir dans ses foyers. Ces démarches furent infructueuses, et au mois de février 1854, Soullié fut contraint d'aller à Langres rejoindre le dépôt du 14e régiment de ligne (2).

Presque toutes les lettres écrites depuis cette époque

(1) A cette époque (1851), le chemin de fer de Strasbourg n'allait que jusqu'à Bar.
(2) Soullié était fils unique; sa mère était âgée, infirme; son père était absent depuis plus de quatre ans lors de son tirage au sort; il avait donc, cette absence une fois constatée légalement par un jugement public, quelques droits à une dispense du service militaire en qualité de soutien de famille. Les démarches faites en son nom s'appuyaient sur ce considérant. En réalité, Soullié n'était pas à cette époque un soutien réel pour sa mère, car il gagnait fort peu de chose, mais celle-ci n'en tenait pas moins à le conserver auprès d'elle, et le chagrin qu'elle avait éprouvé lors de son premier départ, la détermina à remuer ciel et terre pour ne pas en subir un second.
Ses efforts furent du reste rendus inutiles par la guerre d'Orient. M. R....t, dont le nom revient quelquefois dans les premières lettres, est l'avoué chez lequel Soullié travaillait comme clerc lors de son départ, et qui s'occupait de le faire revenir dans ses foyers.

par Soullié, ont été conservées ; nous les publions par ordre de date.

—

Langres, 29 mars 1854.

« Ma chère bonne fille,

» Je t'annonce une bonne nouvelle. Les deux ans que j'ai fait au 62e me comptent en déduction d'autant sur mon congé. Je suis libérable le 31 décembre 1857 au lieu de l'être le 31 décembre 1859, comme les autres conscrits de la classe 1852. Ça ne fait donc que trois ans et neuf mois à faire. Maintenant, si par le moyen de M. R....t, je puis avoir un congé de six mois, suivi d'une prolongation de six autres, je pourrai me regarder comme sûr de ne pas repartir ensuite... Prends courage, un pressentiment me dit que je ne serai pas longtemps sans revenir près de toi. Je te remercie de m'avoir envoyé cinq francs. J'aurai probablement besoin d'argent dans quelques jours, ils me seront utiles. Dans le cas contraire, je te les renverrai. Ne crains rien ; prends patience, nous nous reverrons bientôt.

» Ton petit père qui t'embrasse un million de fois.

» L. SOULLIÉ. »

« Mon cher petit père,

» Depuis ce matin, j'ai fait une réflexion que je vais te communiquer : tu me dis, dans ta dernière lettre, d'avoir confiance en M. R...t ; je le veux bien, mais je crois que cela sera très-long. Ne pourrions-nous pas en employer un autre ? Voici ma pensée, ce serait de faire une pétition à l'Empereur où à l'Impératrice ; tu ferais la copie, tu exposerais nos droits, tous les faits ; il me semble qu'il vaudrait mieux la faire à mon nom ; tu dirais que l'enquête est faite, je la ferai recopier par un écrivain public, et un jour qu'il viendrait se promener dans le parc, je la présenterai, où c'est très-facile sans courir aucun risque ; il vaut mieux parler à Dieu qu'aux saints, comme on dit toujours, cela n'empêcherait pas le jugement de s'exécuter la même chose, il me semble. M. R... n'en saura rien, tu réfléchiras à tout cela, et tu me feras une réponse de suite ; mon cher ami, mon cher petit père, je voudrais te retirer de là promptement ; il me semble que, tout bien expliqué, cela réussirait.

» Je finis en t'embrassant un million de fois, mon cher ami, mon cher petit père.

» Ta petite fille,
» F. Soullié.

» Réponds-moi de suite, je t'en prie, nous sommes jeudi, quatre heures, au moment où je t'écris. »

« Ma chère bonne fille,

» Une pétition à l'Empereur me paraît à moi un excellent moyen, seulement ta lettre ne m'explique pas comment tu espères lui faire parvenir. Qui a rédigé la pétition ? Entre les mains de qui est-elle ? Que t'a dit M. R....t quand tu lui as parlé de cela ? Tu as vu M. R..y ; est-ce lui qui t'avait mandé ? Que t'a-t-il dit ? Comment sauras-tu quand l'Empereur viendra à Versailles ? Comment espères-tu arriver à lui ?

» Réponds-moi vite, car nous attendons tous les jours notre ordre de départ pour Lyon ; il peut arriver d'un instant à l'autre.

» Ton petit père, Louis.

» Est-ce bien à M. R..y lui-même que tu as parlé ? Est-ce qu'il a promis de t'aider en quelque chose ? Si je n'avais plus que peu de temps à faire, je ne serais pas fâché de voir Lyon.

» Je me porte bien. »

Langres, 7 avril.

« Mon cher petit père,

» Je viens de voir M. R..., il a fait lecture de ta lettre dont il a paru touché ; il m'a dit de retourner samedi matin, à 9 heures, probablement qu'il va faire quelques démarches ; quel malheur ! quelle fatalité ! Tu pars donc pour Lyon ; je suis désespérée ; nous sommes donc dans la peine tout du long. Si M. R..... ne m'avait pas donné un peu d'espérance, je crois que j'aurais succombé du coup ; mais toi, tu es là tout seul, sans consolation de personne ; si je peux savoir quelque chose que je puisse t'écrire avant le départ, tu me feras une réponse de suite. Cher petit père, je t'envoie cent sous pour faire cette route ; nourris-toi, tu es si faible ; ce fardeau à porter ! Que de larmes je vais verser, et toi, pauvre ami, que de mal à avoir ! Dis-moi si tu sais la distance.

» Je t'embrasse de tout mon cœur,

» Ta pauvre fille, F. Soullié. »

Langres, 7 avril.

« Ma petite fille,

» Tu te désoles trop : parce que je t'ai dit que nous allions à Lyon, te voilà désespérée. Pourquoi ? Nous y aurons sans doute plus de service qu'à Langres, mais, en revanche, nous aurons une nourriture meilleure et plus abondante. Pour ma part, au contraire, je suis satisfait d'aller à Lyon. Je crois d'ailleurs que nous y resterons peu de temps. En effet, voilà deux ans et demi que nos bataillons de guerre y sont ; il est donc probable qu'avant peu nous quitterons cette garnison que personne ne regrettera. Tu es vraiment, et malheureusement pour toi, ingénieuse à te tourmenter. Je te l'ai toujours dit : je ne suis pas encore mort après tout. Tu me dis que je vais avoir du mal ; je n'en aurai pas tant que tu le crois, d'abord. Ensuite, je te dirai que c'est précisément le mal qui engendre le plaisir. On n'est jamais si content du repos qu'après une grande fatigue. De Langres à Lyon, il n'y a d'ailleurs que neuf étapes ; neuf jours de marche, ça n'est pas effrayant. Tranquillise-toi, nous nous reverrons ; ne te chagrine pas, je me porte toujours très-bien.

» Ton petit père qui t'embrasse un million de fois,

» L. SOULLIÉ.

» Prends un chat pour avoir une société. Je veux t'en voir un quand je serai de retour. »

Langres, avril.

« Ma pauvre bonne fille,

» Je suis très-inquiet ; tu m'avais promis de m'écrire samedi, nous voici mardi et je n'ai rien reçu. Il ne faut pas agir ainsi, je crains tout : peut-être es-tu bien malade. Tu as peut-être eu de mauvaises nouvelles. Je ne sais quoi penser. Si tu n'es pas dans l'impossibilité de le faire, écris-moi de suite, quoi que ce soit.

» Notre départ pour Lyon est ajourné ; je ne sais plus maintenant quand nous partirons,

» Ton petit père,
» LOUIS.

» Je suis toujours à Langres. »

Lyon, ce 14 mai 1854.

« Mon excellente petite fille,

» Dans le moment où je t'écris, je suis dans une excellente disposition d'esprit.

» Je travaille depuis quelques jours chez le sergent-major de notre compagnie, qui est enchanté de mon travail. Je suis, en qualité d'élève fourrier, dispensé de tout service ; je ne monte plus de garde, je ne fais plus de corvées.

» Notre capitaine m'a dit que sous peu, il me ferait passer caporal. Il en faut énormément à présent, parce que beaucoup sont partis pour la garde impériale. Quand je serai caporal, je ferai mon possible pour attraper le galon d'argent de caporal-fourrier. Ça sera l'affaire de cinq ou six mois pour le tout. Ensuite, vogue la galère ! Je passerai mon temps agréablement, car qu'est-ce que le service d'un fourrier ?

» Ce que cette ligne de conduite a d'avantageuse pour moi, le voici : d'abord, si je suis obligé de faire mes trois ans et demi, ou du moins une partie de ce temps, il vaut mieux que ce soit comme sous-officier que comme soldat. Puis en revenant sergent-fourrier, ce serait une recommandation pour avoir un emploi dans les bureaux de la mairie ou ailleurs. Quand je serai de retour à Versailles, j'irai voir et remercier M. C..., notre adjoint, qui a apostillé ta pétition, peut-être voudra-t-il bien faire quelque chose pour moi.

» Tout ce qui m'inquiète, c'est toi. Que fais-tu ? Que deviens-tu ? Comment te portes-tu ? Il y a plusieurs jours que je n'ai pas reçu de lettre. Je sais bien que tu ne peux pas toujours être à m'écrire, mais enfin, c'est égal. quand je pense à toi, ma pauvre fille, à ton isolement, à l'abandon dans lequel tu te trouves, j'ai le cœur serré. Ce n'était pas la peine de tant passer de nuits, de tant t'exténuer pour m'élever et de n'obtenir aucun résultat.

» Pourtant si, tu en as obtenu ou du moins tu en obtiendras, l'existence que nous aurons sera plus heureuse qu'elle ne l'eût été si tu n'avais pas été si dévouée.

» Ecris-moi promptement et donne-moi des détails sur ce qui se passe à Versailles.

» Ton petit père,

Louis,

» Soldat au 14ᵉ de ligne, à Lyon (Rhône.) »

CONSEIL D'ÉTAT.

Commission de Pétition. — 7532.

Paris, 15 mai 1854.

« Madame,

J'ai l'honneur de vous informer, par ordre de M. le Minis-

sident de la Commission des Pétitions, que votre demande à l'Empereur, en date du 18 avril 1854, vient d'être renvoyée à M. le ministre de la guerre, avec les pièces qui y étaient jointes.

» Agréez, etc.

» Le Secrétaire : LESAGE. »

Ministère de la Guerre. — Direction du personnel.
Bureau de l'infanterie. — N° 4668.

Le ministre de la guerre fait connaître à madame Soullié que sa demande ayant pour objet d'obtenir le renvoi dans ses foyers de son fils, soldat au 14e de ligne, a été renvoyée aujourd'hui au maréchal commandant la 8e division militaire, qui est chargé d'examiner quelle suite doit être donnée à cette demande, aux termes des règlements en vigueur.

Paris, 20 mai 1854.

(Cette demande fut rejetée).

CONSEIL D'ÉTAT.

Commission des Pétitions. — 9441.

Paris, 22 juin 1854.

» Madame,

» J'ai l'honneur de vous informer, par ordre de M. le Président de la Commission des Pétitions, que votre demande à l'Empereur, en date du 20 mai 1854, vient d'être renvoyée à M. le ministre de la guerre, avec les pièces qui y étaient jointes.

» Agréez, etc.

» LESAGE. »

Ministère de la Guerre. — Direction du personnel.
Bureau de l'Infanterie. — N° 5001.

Le ministre de la guerre fait connaître à madame Soullié que sa demande ayant pour objet de faire accorder un congé à son fils, soldat au 62e de ligne, a été renvoyée aujourd'hui à M. le maréchal commandant en chef l'armée de Lyon et la 8e division militaire, qui est chargé d'examiner quelle suite doit être donnée à cette demande aux termes des règlements en vigueur.

Paris, 10 juin 1854.

Madame Soullié, rue du Bel-Air, 24 (Versailles).

(Cette demande fut rejetée.)

Conseil d'État.
Commission des Pétitions. — 11889.
Paris, 13 juillet 1895.

« Madame,

» J'ai l'honneur de vous informer, par ordre de M. le Président de la Commission des Pétitions, que votre demande à l'Empereur, en date du 24 juin 1854, vient d'être renvoyée à M. le ministre de la guerre, avec les pièces qui y étaient jointes.

» Agréez, Madame, etc.

» LESAGE. »

(Demande rejetée.)

Toulon, 5 juillet.

« Mon excellente mère,

» Un changement d'une grande importance s'est opéré en moi. De catholique, dit-on, je me suis fait protestant. Ce n'est pas exact. Il serait plus correct et surtout plus juste de dire que l'Eternel Dieu, par sa sainte volonté, m'a fait chrétien, d'indifférent que j'étais.

» En effet, sans croyances religieuses, sans espérances célestes, j'étais déshérité de tous ce qui nous a été acquis par le sang du Sauveur. Le dégoût de toutes choses, suite naturelle d'une incrédulité presque absolue, arrivait à grands pas. Et qui sait jusqu'où le découragement m'aurait conduit. Mais Dieu n'a pas permis, n'a pas voulu que je restasse dans cet état. Il m'a envoyé un consolateur et un guide en sa divine parole.

Un nouvel être s'organise en moi : il reconstitue sur la base inébranlable de l'autorité divine tout ce que le manque de foi avait détruit. Je crois qu'il existe un Dieu tout-puissant, sage et bon, qui a créé toutes choses. Ce Dieu avait fait l'homme à sa ressemblance, mais, par la désobéissance de celui-ci, le péché est entré dans le monde, et nous sommes tous pécheurs de notre premier père.

» Mon Dieu, je l'adore tant par mes prières que par une pieuse et ferme décision de faire ses volontés, autant, hélas ! qu'il est possible à ma nature. Je l'adore seul et ne sers que lui à cause de son commandement : « *Tu adoreras le Seigneur et tu le serviras seul.* »

» Il est pour moi article de foi que Notre-Seigneur avait été promis à nos pères, qui avaient reçu les commandements afin que, reconnaissant leur impuissance à les accomplir, et, par suite, à faire leur salut, ils désirassent la bonne venue d'un Rédempteur, qui l'acquit à tous gratuitement.

» Je crois que Christ est mort pour notre salut, et a été ressuscité pour notre justification. Je crois qu'il n'existe entre Dieu et nous aucun autre médiateur que lui. Je considère donc les prières adressées aux saints et à la Vierge comme des créations humaines contraires à la volonté de l'Éternel, qui veut, nous dit-il, être seul adoré et servi.

» Sur ce point, comme à tous autres égards, je me sépare complétement de l'Église romaine, et suis ce que le monde est convenu d'appeler un protestant. Je t'aime, ma mère, je désire donc que ma foi, qui est la seule véritable, devienne la tienne.

» Je prie donc le Seigneur qu'il t'illumine aussi de son saint Esprit, et que, par là, nous soyons certains de notre réunion dans un monde meilleur.

» Je le prie aussi, en tant que cela est dans ses vues, de hâter mon retour vers toi. Espérons.

» Sur ce sujet, je ne sais rien de nouveau concernant nos affaires. La revue de l'inspecteur-général a été reculée. Ce sera peut-être pour ce moment-là qu'on nous accordera quelque chose.

» Qu'il le plaise au Seigneur notre Dieu
» Ton fils qui t'aime ardemment,
» L. SOULLIÉ. »

A la suite de cette lettre il s'en trouvait une écrite à la mère de Soullié par le chrétien dont Dieu s'était servi pour amener Soullié à la foi chrétienne évangélique.

« Chère dame,

» Pour répondre au désir de mon ami Soullié, ma faible main vient tracer sur ce papier quelques pensées. Voyageurs ici-bas, nous nous dirigeons vers une patrie meilleure. Nos cœurs qui, trop longtemps, se tournèrent vers les choses éphémères, ont enfin compris qu'ici-bas tout passe, mais que celui qui fera la volonté de Dieu vivra quand même il serait mort.

» Oui, notre commun Sauveur nous dit que quiconque fera sa volonté aura la vie éternelle. Mais comme il est de toute importance de connaître cette divine volonté, notre Dieu a permis que nous prissions le code immortel de sa parole pour y trouver les règles de notre salut. Tout, dans le livre de Dieu, est inscrit pour notre instruction, selon l'expression du

Saint-Esprit, les hommes n'ont le droit de rien y ajouter ni d'en rien retrancher. C'est pourquoi, malgré les liens qui nous y rattachent, nous nous séparons d'une Église impuissante à éclairer nos âmes, parce qu'elle a rejeté le flambeau des saintes Écritures et secoué sur lui la poussière de ses traditions. Nous revenons donc au christianisme des apôtres, c'est-à-dire, que nous ne croyons que ce qu'ils nous ont enseigné. Placés entre deux commandements, nous acceptons celui qui vient du ciel et nous protestons contre celui qui vient de la terre.

» Chère dame, l'amour de Dieu comble le vide de l'âme; il n'est pas de douleur qu'il ne puisse changer en joie; il n'est pas de position que sa grâce n'embellisse, et quand nous méditons la parole de Dieu, en priant pour que le Saint-Esprit l'applique à notre âme, nous trouvons bientôt le Seigneur, nous trouvons la perle de grand prix, que nous n'échangerions pas pour la plus belle couronne de l'univers. Prenez et lisez, et bientôt, comme Lydie, le Seigneur vous ouvrira le cœur, il entrera chez vous et vous donnera, dès ci-bas, les avant-goûts de la vie éternelle en attendant le jour où il vous recevra dans son ciel. Priez Dieu par Jésus-Christ; demandez, et il vous donnera. Je termine en vous priant de vouloir bien remettre la petite lettre ci-jointe au pasteur de l'Église évangélique de Versailles.

» Au revoir, chère dame; si nous sommes trop éloignés pour nous voir sur la terre, notre rendez-vous est au pied de l'Éternel.

» Votre affectionné,
» M... (1),
» Sous-officier au 14ᵉ de ligne. »

Toulon, ce 30 août 1854.

« Ma bonne mère,

» Nous sommes, à ce qu'il paraît, désignés pour faire partie du camp du Midi; seulement, vu notre peu d'éloignement du quartier-général de ce camp, il est probable qu'on nous laissera à Toulon, qui ne peut rester sans garnison. Cela ne change absolument rien à notre position, à cela près qu'on nous fera peut-être camper quelques jours lorsque notre tour viendra. Quand, je l'ignore, et je m'en inquiète peu.

(1) Il importe de remarquer que ce militaire était, lui aussi, un ancien catholique amené à la foi évangélique.

» Je suis plein de confiance dans l'avenir; je sais qu'un seul cheveu ne peut tomber de ma tête ni de la tienne sans la volonté de l'Éternel. Que cette sainte volonté soit faite; elle sait mieux que nous ce qu'il convient de nous accorder.

» Je regrette, sans doute, et regretterai tant que je ne l'aurai pas retrouvée, cette existence calme, paisible, appropriée à ma nature, que j'avais lors de mon départ; je regrette aussi le temps que je perds dans ce moment; je regrette enfin et surtout, de ne pouvoir être l'appui et la consolation de ta vieillesse, mais je te répète ici ce que j'ai dit plus haut : Dieu l'a voulu.

» Le choléra a quitté notre ville après l'avoir décimée. Dans nos rangs, les pertes ont été cruelles. Beaucoup de ceux que le sort m'a donné pour camarades sont morts autour de moi. L'épreuve que nous subissons, ma mère, aura eu du moins, un résultat heureux, c'est de m'avoir reconstitué le moral par le retour à la foi religieuse de mes jeunes années, non pas à cette foi bâtarde et morte qui n'améliore ni ne sert, mais à la foi efficace et sérieuse, à cette foi qui console et qui fait espérer.

» Je n'ai plus aujourd'hui ces nombreux et pénibles accès de tristesse et d'abattement qui, pendant bien longtemps, et lors même que j'étais avec toi, m'obsédaient fréquemment. Aujourd'hui, et quoique ayant une pauvre existence, je me trouve heureux, je te l'avoue. Que serait-ce si j'étais à Versailles?

» J'ai quelques amis, bien peu, deux ou trois, avec lesquels j'oublie souvent ce que je suis et où je suis.

» Pourtant, et je termine par ceci, mes vœux tendent toujours vers toi, pauvre mère, qui a tant fait et tant mérité.

» Je voudrais bien que la volonté du Seigneur ne fût pas de me faire rester soldat. Je ne suis pas fait, je le vois à chaque instant, pour ce métier.

» Je suis content d'avoir ton portrait; c'est quelque chose de toi, si ce n'est pas toi.

» Que te dirai-je encore? Je suis très-bien à la compagnie; j'y fais honorablement mon service, et nul ne m'y dit rien. Si nous changions de garnison, ce qui est improbable, je t'en informerai aussitôt.

» Tu me demandes d'écrire à M. R.....; si je voyais quelque utilité à cela, je le ferais; mais que lui dirais-je? D'ailleurs, quand j'étais à Langres, je lui ai, dans une lettre, fait une demande; il ne m'a pas répondu.

» Ma pauvre mère, M. R... est heureux et l'a toujours été ; or, vois-tu, quand on n'a pas souffert, il faut une nature exceptionnelle pour comprendre la peine et désirer sérieusement de la soulager. On peut quelquefois avoir un bon mouvement, mais c'est tout ; ce bon mouvement passé, il ne reste plus rien. Je suis absent depuis six mois, c'est plus qu'il n'en a fallu à M. R... pour m'oublier.

» Si tu as des pièces à envoyer au ministère, envoie-les, mais ne compte que sur Dieu et sur toi.

» Je t'embrasse, ma pauvre petite fille, et de tout mon cœur.

» L. SOULLIÉ. »

Toulon, 22 septembre 1854.

« Ma bonne petite mère,

» Tu es bien une des plus excellentes créatures que le Seigneur ait envoyé sur cette terre d'épreuves ; aussi, quand, — et cela m'arrive souvent, — je regrette que tant de dévouement et de courage n'ait obtenu qu'une existence toute de peines et de tourments, quand, dis-je, cela m'arrive, je me console aussitôt, en pensant que si tu n'as pas été heureuse ici-bas, l'Éternel, en revanche, t'a réservé place au séjour céleste au milieu de ses enfants les plus chéris. Je vais, à ce sujet, ma bonne petite mère, te dire quelques paroles de vérité, car je veux qu'à toi aussi la bonne nouvelle soit annoncée.

» Dieu, petite mère, nous a donné ses volontés dans ses commandements ; il nous a, dans les saintes Écritures, enseigné de quel culte et dans quel esprit il veut être servi et adoré.

» Malheureusement, les hommes sont venus, ils ont mutilé les commandements et défiguré les saints enseignements. Un retour aux vérités divines, qui peuvent seules nous sauver de la damnation éternelle, est donc d'une importance vitale, et toi, qui, jusqu'à ce moment, a été ma seule affection au monde, je veux te les rappeler. D'abord, ma mère, quand tu pries, conforme-toi à la volonté de Notre-Seigneur, ainsi exprimée : « Or, quand vous priez, n'usez pas de vaines redites, comme les païens, car ils croient qu'ils seront exaucés en parlant beaucoup ; ne leur ressemblez donc point, car votre Père sait de quoi vous avez besoin avant que vous le lui ayez demandé. Vous, donc, priez ainsi : « Notre père, qui es aux cieux, ton nom soit sanctifié ; ton règne vienne ; ta volonté soit faite sur la terre comme au ciel ; donne-nous aujourd'hui notre pain quotidien ; pardonne-nous nos offenses comme nous pardonnons à ceux qui nous ont offensés, et ne nous laisse point succomber à la tentation, mais délivre-nous du mal, car à toi, Père céleste, appartiennent, dans tous les siècles, le règne, la puissance et la gloire.» Amen (S. Matthieu, chap. vi, sermon de Notre-Seigneur sur la Montagne).

» Ne demande rien de plus ; ne prie que l'Éternel. La coutume de prier les saints a été introduite par les mêmes hommes qui ont mutilé le dixième commandement du Tout-Puissant et totalement supprimé le deuxième, parce qu'il était leur condamnation la plus formelle. L'Esprit-Saint nous dit dans l'Évangile : Car il n'y a qu'un seul Dieu et un seul médiateur entre Dieu et les hommes, Jésus-Christ homme. (Ier à Timothée, S. Paul).

» Et l'apôtre aussi, dans ces paroles : Mes petits enfants, je vous écris ces choses afin que vous ne péchiez point, et que si vous péchiez, vous ayez un avocat auprès du Père, savoir Jésus-Christ le Juste. (Saint Jean, apôtre, 1re épître, chap. ii, v. 1 et 2.) Invoque le Dieu puissant et jaloux, qui veut, nous dit-il dans ses commandements, être seul adoré et servi. Toute autre invocation est vaine et idolâtre. Le culte de la Vierge n'existe que dans l'église catholique ; les chrétiens évangéliques l'ont toujours rejeté. Imite-les, ne prie que Dieu ; ne fais plus le signe de la croix, cela est puéril, pis même, condamnable, car cela tend, par l'esprit qui les inspire, à matérialiser le culte dû au vrai Dieu, qui veut, nous dit l'apôtre, être servi en esprit et en vérité. Et puis cette tendance, à nous représenter toujours le Christ crucifié, est mauvaise, antichrétienne, en ce qu'elle nous montre toujours le Sauveur sous une forme charnelle qu'elle prétend nous faire adorer, tandis que la foi nous dit et que l'Écriture nous enseigne que ce n'est pas le corps du Sauveur qui doit être l'objet de notre adoration, mais l'Esprit-Saint qui le sanctifie.

» Je ne te dis point : ne te confesse plus aux prêtres, cela est contraire à l'Esprit de l'Évangile, car je sais que tu ne le fais point ; mais je te dis encore : Ne t'abstiens point, par un scrupule mal fondé, de manger gras le vendredi et le samedi.

» Ne va plus à l'église catholique, non que ce lieu soit mauvais en lui-même, mais la vérité n'est pas là où, peut-on dire encore, elle est tellement obscurcie par des erreurs antichrétiennes et d'innomblables superstitions, qu'elle est méconnaissable à tous les yeux.

» Va au temple protestant.

» Tu y seras là comme dans le lieu dont le Seigneur a dit : «Si dans quelque lieu deux ou trois sont réunis en mon nom, je m'y trouverai au milieu d'eux.» (S. Mathieu, chap. XVIII, v. 20.) Et comme l'apôtre nous le dit encore : « Soyez donc remplis de l'Esprit; vous entretenant par des psaumes, par des hymnes et par des cantiques spirituels, chantant et psalmodiant de votre cœur au Seigneur.» (S. Paul aux Éphésiens, chap. v.)

Je termine sur ces points, ma chère mère, la limite du papier me le prescrit. J'ai pourtant bien des choses à te dire encore sur ce sujet. Espérons que bientôt je te reverrai, et qu'alors nous pourrons ensemble nous entretenir pieusement des choses saintes.

» Prie donc le Seigneur, *mais prie-le seul*. N'invoque ni Marie ni les saints; ne fais point de signe de croix. Quand tu pourras disposer d'un moment, va, je te le répète, au temple protestant, puisqu'on nous appelle de ce nom, nous qui pratiquons la morale de l'Evangile.

» Je t'embrasse de tout mon cœur, en attendant le bonheur de te revoir.

» Ton fils,
» L. Soullié.

» Je ne sais encore rien de nouveau au sujet de nos affaires. Cela viendra peut-être. »

Toulon, ce 11 octobre 1854.

» Ma bonne mère,

» Que le Seigneur soit avec toi, qu'il t'illumine par son Saint-Esprit et développe en ton cœur sa bienfaisante influence. J'ai reçu ta lettre datée du 6. Tu as vu, me dis-tu, le pasteur de la chapelle évangélique, il t'a remis un Nouveau-Testament. Sache bien, ma mère, ce que c'est que ce livre. Il renferme, écrite par les saints apôtres, l'histoire inspirée par l'Esprit-Saint de Notre-Seigneur Jésus-Christ, de ses enseignements et de ceux des douze élus par lui pour annoncer l'Evangile au monde. En te nourrissant de sa lecture, ta foi se formera, s'affermira, et bientôt tu pourras dire avec le Psalmiste : « La connaissance de tes paroles rend le plus simples intelligents. » Ce n'est pas que je veuille que tu deviennes savante en ces choses saintes; non, certes, c'est simple et candide que je prie le Seigneur de te conserver.

» Ce livre est précieux, ma mère, c'est la perle de grand prix, le trésor que la rouille ne peut gâter ; c'est la parole de notre Dieu. Lis-la souvent, prie chaque fois le Seigneur pour qu'elle soit le pain de vie qui nourrisse et fortifie ton âme, en la préparant de plus en plus à jouir de la communion avec notre Sauveur.

» Ce livre est le plus beau cadeau qui puisse être fait. Je sais bien que de prime abord sa lecture ou plutôt sa compréhension te semblera difficile ; il renferme beaucoup de choses qui te paraîtront obscures dans les commencements surtout; mais, insensiblement, cette obscurité cessera, et ce qui te semble être une montagne deviendra une vallée dans laquelle tout est vu et compris.

» Je suis bien heureux que notre pasteur de Versailles ait accédé à ta demande.

» Tu me promets de suivre le culte. Fais-le, ma bonne petite mère, et, à tous égards, tu t'en trouveras bien. Les enseignements que tu y recevras te rendront heureuse en ce monde, en te montrant le ciel en perspective dans l'autre vie, dans la vie véritable.

» Mais surtout lis souvent la parole de Dieu, porte tes lèvres « à la coupe de délivrance, désaltère ton âme à la source des eaux qui jaillissent jusqu'à la vie éternelle.» La parole de Dieu, ma mère, est comme une épée à deux tranchants; elle atteint notre âme jusqu'au fond, elle nous apprend à élever nos regards en haut, à les fixer sur Christ, notre grand et souverain sacrificateur, la pierre de l'Eglise, le vainqueur de la mort et de la puissance des ténèbres en sa résurrection.

» Je te le répète encore, ma mère, lis souvent ton Nouveau-Testament. Mais avant chaque lecture, demande à Dieu, par une courte prière, l'illumination du Saint-Esprit. J'ai rédigé à ce sujet une petite prière que je t'engage à écrire sur ton livre, et à adresser à Dieu avant tout.

» Demande à notre pasteur quelques petits Traités religieux; ils te seront très-utiles.

» Si, de ces choses importantes à notre salut, nous passons à d'autres qui le sont beaucoup moins, je t'annoncerai que nous aurons demain jeudi la revue de l'inspecteur général. Elle durera deux ou trois jours au moins.

» S'il plaît à Dieu, nous saurons quelque chose. J'avais oulié de te dire, dans ma précédente lettre, que le successeur de M. R..t m'a écrit. Autant que la contexture de sa lettre me permet d'en juger, il ne paraît pas penser qu'il te soit facile d'obtenir un congé dans ce moment en ma faveur; mais il affirme, ou à peu près, que le 5 juillet 1855 j'aurai droit à ma libération complète. Qu'il en soit ce que veut le Seigneur. Je suis résigné à tout.

» Ton fils qui t'aime bien,
» Louis Soullié. »

PRIÈRE A FAIRE AVANT CHAQUE LECTURE.

Seigneur, toi qui as inspiré aux saints apôtres les divins enseignements contenus en ce livre, ouvre par ta grâce ma faible intelligence, donne-moi, Seigneur, de comprendre et de pratiquer ce que tu nous enseignes. Fais que je puisse dire comme le roi David : Tes paroles sont mes plaisirs et les gens de mon conseil. Seigneur, fais que ta parole pénètre en moi et me remplisse de sagesse, afin que, par l'entremise du précieux sang de notre Sauveur, je puisse me croire ton enfant, et me reposer sur la promesse que ton divin Fils nous a faite de sauver quiconque croirait en lui. Au nom et par les mérites infinis de Christ, notre Rédempteur glorieux. Amen.

Toulon, 1ᵉʳ novembre 1854.

« Ma bonne petite mère,

» Je suis, dans ce moment, de garde au bureau de la place de Toulon.

» Il vient de m'être donné connaissance d'une circulaire de M. le ministre, relative aux congés temporaires. On va en accorder beaucoup, mais ils ne sont que de trois mois. Peut-on espérer d'être prolongé, maintenu dans ses foyers; je l'ignore.

» Dois-je me faire porter pour obtenir un de ces congés ? Trois mois, c'est bien peu. Aurons-nous de quoi payer les frais de route ? Cela coûte 32 fr. pour aller de Toulon à Paris. D'un autre côté, en arrivant à Versailles, trouverais-je à gagner mon pain ?

» Et puis, toujours cette même question : Réussirai-je ? Je suis, je te l'avoue, un peu découragé.

» M. de Ségur a dit dans un de ses plus beaux livres : L'adversité, qui abat les cœurs faibles, grandit les âmes fortes. Je n'ai pas une âme forte, moi, car je me décourage assez facilement.

» Mais si mon cœur est faible, il n'est du moins pas mauvais, j'entends devant les hommes, car devant Dieu il est semblable à tous les autres.

» A ce sujet, je fais cette remarque : c'est que les vertus douces et pacifiques sont ordinairement dans un caractère accompagnées de faiblesse, et, qu'au contraire, les natures mâles et vigoureuses tombent ordinairement dans la dureté et l'inflexibilité.

» On a toujours les défauts de ses qualités; Christ seul a, tant qu'il a habité la terre, donné l'exemple des vertus les plus naturellement opposées : la main qui flagellait les marchands du temple, recevait la femme adultère.

» Mais Christ était Dieu et nous sommes les enfants d'Adam.

» Pour obtenir un de ces congés temporaires, il faut justifier qu'on est nécessaire chez soi en produisant des pièces à l'appui. Puisque tu es écoutée avec bienveillance à la mairie, adresse-toi là et tâche d'obtenir ce qu'il nous faut.

» Je t'embrasse de tout mon cœur, ma mère, et demande au Seigneur qu'il me permette de te revoir.

» L. SOULLIÉ.

» Réponds-moi immédiatement. Les pièces doivent être envoyées au colonel. Il faut qu'elles soient signées du maire et légalisées à la Préfecture. »

Toulon, 12 novembre 1854.

« Ma pauvre bonne petite mère,

» On croit que nous allons embarquer. Où irons-nous? nul ne le sait encore. Est-ce pour l'Afrique, l'Italie ou l'Orient? On attend. Pour moi, je suis prêt à tout. Mais toi, pauvre petite mère !

» Si les bruits qui courent (car ce ne sont encore que des bruits, bien répandus, il est vrai) ne sont pas fondés, j'obtiendrai un congé, je l'espère.

» Je suis beaucoup mieux étant caporal qu'étant fusilier; je touche 23 sous net tous les cinq jours, je ne fais plus de faction, plus de corvées. Mon ancien capitaine, c'est lui qui m'a fait passer caporal, m'a fort recommandé à mon nouveau, qui me traite avec une grande bienveillance.

» Si nous allons en Afrique ou en Italie, ce ne sera qu'un changement de garnison. Je suis fait maintenant aux grandes chaleurs, elles ne me font absolument plus rien. Si nous allons en Turquie, par exemple, le voyage sera un peu plus long. Mais ce n'est pas sûr.

» A la volonté de Celui qui peut tout.

» J'ai écrit au pasteur à ton sujet. Va le voir et prie-le de me répondre.

» Je t'écris cette lettre pour te préparer, au cas que nous embarquions, mais, je te le répète, il n'y a rien de sûr.

» Je t'embrasse de tout mon cœur, ma pauvre mère, et te remets à la garde de Dieu.

» Ton petit père,

» LOUIS. »

Toulon, 17 novembre 1854.

« Ma pauvre chère bonne petite mère,

» Je reçois ta courte lettre à l'instant. La tristesse dont elle est empreinte me fait mal. Il faut que j'essaie de te consoler. C'est chose bien difficile, je le sens.

» Il est certain que nous devons embarquer. Je ne crois pas devoir te le cacher, et, d'ailleurs, dans quelques jours il faudrait toujours que je te l'avouasse. Le régiment fait partie de la 8e division de l'armée d'Orient. Il est destiné, paraît-il, à opérer en Circassie. Cette nouvelle est désolante pour toi; cependant il ne faut pas t'abandonner à un chagrin qui offense le Créateur. Dieu veille sur nous tous. Pas un cheveu de notre tête ne peut tomber sans sa permission : c'est lui qui nous le dit dans son saint Évangile, c'est lui, c'est sa volonté qui a fait que dans une caserne, j'ai appris à le connaître et à l'aimer. Qu'il veuille, ce divin Maître, me continuer et m'augmenter les grâces de son Saint-Esprit. C'est là mon vœu et le plus ardent de mes désirs.

» Le certificat que tu m'as envoyé ne m'a pas servi, parce qu'en même temps que lui est arrivé à Toulon la nouvelle de notre embarquement. Immédiatement les congés ont été suspendus, retirés même.

» Je te disais plus haut que pas un cheveu de notre tête ne tombe sans la permission de l'Éternel; la confiance que j'ai en cette vérité me donne une sécurité absolue, surtout en ce qui me concerne. Ce que Dieu veut, Dieu le fasse. Je veux te faire à ce sujet quelques observations. Si, lorsque j'étais à Versailles, on m'avait dit que je viendrais à Toulon, dans cette région si chaude par moments, et que j'y viendrais à une époque où le choléra y ferait des ravages effrayants, j'aurais dit, raisonnant par probabilité : Si je vais à Toulon, j'y mourrai. Cependant j'y suis venu, le choléra en est parti, et je ne suis pas mort. Je te l'ai dit, et cela est vrai, les dangers que j'ai courus ici de la part de deux ou trois maladies qui ont régné, sont plus grands que ceux que je vais trouver en Orient. Si cela était chose faisable, je gagerai tout au monde que je retournerai à Versailles dans quelque temps sain et sauf avec mon congé.

» Dieu me protége. Il me protége en me châtiant. Il me protégera jusqu'à la fin, j'en ai l'absolue conviction. Si ce n'est pas la prescience que j'ai de ton chagrin, je partirai, je le dis en toute sincérité, avec beaucoup de plaisir et de joie. Mais lorsque tu te représentes à mon esprit, lorsque je te vois, pauvre, souffrante, abattue, épuisée, alors toute ma gaîté s'en va, les larmes me viennent aux yeux. Enfin, je n'ai cependant rien à me reprocher, si je n'étais pas parti, les gendarmes seraient bien venus me chercher. Je ne pouvais donc pas faire autrement. J'ai bien pensé alors m'estropier pour être réformé, mais, dans ce moment, ne serait-ce pas une lâcheté? Ne pourrait-on pas croire que c'est par crainte d'aller à la guerre? Si je veux par cette voie quitter promptement le service, ne vaut-il pas mieux que ce soit dans une lutte et par le feu des Russes que cela m'arrive? Je dis tout cela, c'est en pensant à toi ; car pour moi, je ne désire rien de semblable. Faire mes trois ans le plus tranquillement possible, revenir de Crimée avec les galons de sergent, avoir un petit emploi à la Mairie ou à la Préfecture, c'est là ce que je rêve.

Je flotte entre plusieurs sentiments contradictoires : d'un côté, la perspective d'un voyage long, aventureux, et dans des pays curieux à voir, me séduit et m'attire. La conviction pleine et entière que j'ai d'en revenir intact, augmente cet entraînement. D'un autre côté, je ne peux oublier combien, pendant vingt ans, tu as été bonne, courageuse et dévouée, pauvre petite mère ! Je voudrais, ma mère, que tu m'aimasses un peu moins, parce qu'alors je serais certain que nous nous reverrions.

» Je te disais, ma mère, que j'étais très-bien à la compagnie, je te le répète: je suis au mieux avec tous mes chefs. Dès que j'aurais le temps voulu, je compte bien passer sergent, le capitaine me l'a dit.

» Il vaut beaucoup mieux, surtout en campagne, être caporal que d'être fusilier. On ne travaille pas à la terre, on ne fait pas de faction, on est mieux payé, plus considéré; bref, on est mieux sous tous les rapports. Je suis très-content d'être passé avant l'embarquement. Tout ce qu'il est possible de faire pour améliorer le sort du soldat en campagne, a été fait. Nous avons chacun une tente pour nous abriter, nous avons une couverture pour nous coucher dessus, d'amples capotes à capuchon; on ne pouvait rien faire de plus que ce qu'on a fait. On a tout prévu, on a paré à tout, excepté à une seule chose : la pluie.

» Quand il tombe de l'eau et qu'on est en route, la capote est bientôt traversée, et alors on n'est pas précisément à l'aise; il faut changer de tout. J'en dis autant pour la chaussure.

» Heureusement, ce que tu m'as envoyé me met à même de remédier à cela. Je vais acheter un petit manteau en caoutchouc, des jambes de pantalon, des guêtres et des souliers *idem*, comme ça je serai imperméable des pieds à la tête. On nous a fait la grâce de nous enlever nos schakos et nos tuniques, nous n'avons plus que notre casquette et notre capote. Je vais faire arranger mon képi, y faire mettre une chaude doublure, afin que la nuit elle me serve de bonnet. Sois tranquille, ma petite mère, j'arrangerai tout pour le mieux. Imite-moi, je te le recommande, afin que dans un temps peut-être long, peut-être rapproché, mais qui, en tous cas n'excèdera pas trois ans, je retournerai à Versailles, nous puissions nous retrouver et nous dire : enfin, c'est pour tout de bon.

» Je t'embrasse de tout mon cœur en attendant le bonheur de te revoir.

» Ton petit père,

» Louis. »

» Je t'ai déjà prescrit d'avoir un chat ou plutôt une chatte, car les femelles valent toujours mieux que les mâles.

» Je te renouvelle encore mon instruction, ça sera une distraction pour toi.

» Nous ne savons pas encore quand nous embarquons, mais il est probable que ça sera à la fin du mois.

» A propos j'oubliais, tu me parles d'entrer aux pompiers, c'est impossible, ma mère, les changements de corps sont suspendus; les hommes qui avaient été reçus pour la garde impériale n'y vont pas. Il n'y a pas eu grand mal à ce que ma délicatesse m'ait fait refuser. Le colonel a demandé au général qu'on lui laissât tous ses hommes. »

Toulon, ce 26 novembre 1854.

« Ma pauvre chère bonne petite mère,

» Il n'y a rien de nouveau pour nous. Nous nous préparons à l'embarquement, dont nous ignorons encore la date précise, mais qui est certainement très-prochaine. Nous allons décidément en Crimée.

» A Toulon, il arrive fréquemment des congédiés de l'armée d'Orient. Les uns vont en congé de semestre, les autres en congé de convalescence.

» Si nous nous en rapportons au témoignage d'un soldat du 7e de ligne et de plusieurs autres, du reste, cette guerre ne serait pas aussi meurtrière qu'on pourrait le croire. Nos pertes sont évaluées à huit mille hommes, en y comprenant tous ceux que le choléra a enlevé. Pour une armée de soixante-dix mille hommes qui a presque accompli la prise d'une ville comme Sébastopol, ce n'est guère. Le général Canrobert est porté aux nues par tous ceux qu'il a commandés. Il paraît que c'est à la fois un brave et savant général, et un bon homme. Il est chéri de tous. Le climat est le même qu'à Toulon.

» Dans quelque temps j'en saurai davantage. Je t'avouerai que je suis impatient de partir. Puisqu'il le faut, autant aujourd'hui que demain.

» Et toi? Ton métier ne doit plus guère t'aller, ma pauvre petite mère.

» Tu parlais d'apprendre à faire des chaussons. Je t'avais parlé d'un rouet pour tisser. Je pense bien que tu ne gagnerais pas grand chose, mais ça conviendrait mieux à ta complexion débile. Ah! quand reverrai-je Versailles? Peut-être bientôt. Si je suis blessé en Crimée, on me réformera; j'aurai la médaille; je reviendrai comme les vieux grognards de l'Empire.

» Gustave est dans la 7e division de l'armée d'Orient. J'attends avec impatience l'arrivée du 61e pour aller l'embrasser. Pauvre Gustave! *mon fils!* C'était son mot! Je ne suis malheureusement pas bien sûr que ce soit à Toulon qu'il embarque. Peut-être ça sera-t-il à Marseille. Je t'écris ma lettre à dix heures du soir, ma chandelle va s'éteindre, ça m'oblige à la terminer. En même temps que cette lettre, tu recevras un paquet qui contient toutes celles que tu m'as envoyées, plus le certificat de soutien de famille et une lettre que j'avais faite pour mon colonel. Je regrette bien de m'en séparer, mais je n'ai pas de place dans mon sac, nous y mettons des vivres. Conserve tout.

» Je t'embrasse de tout mon cœur et espère de te revoir bientôt.

» Ton petit père, Louis. »

Toulon, ce 3 décembre 1854.

« Pauvre bonne petite mère,

» Je profite d'un moment que j'ai de libre pour t'écrire une petite lettre. Je ne sais pas comment il se fait que tu sois si ingénieuse à te tourmenter. Tu ne sais quoi t'imaginer pour te faire de la peine. Tu te fais des reproches, je le dis franchement, qui n'ont aucune raison. Pourquoi ne t'en prends-tu pas aussi à toi, de ce que mon numéro a été mauvais et de ce que la guerre d'Orient a éclaté; telles sont pourtant les véritables causes de mon retour sous les drapeaux.

» D'ailleurs, je ne vois pas ma cause sous un point de vue aussi mauvais que toi; si je suis tué par les Russes, ça ne sera pas satisfaisant, surtout pour toi; quant à moi, dès que ça sera fait, j'en prendrai mon parti; mais tous ceux qui vont en Russie n'y meurent pas. Il y en a déjà beaucoup qui en sont revenus. Suivant toute probabilité, Sébastopol est pris à l'heure qu'il est; or, nous ne sommes pas embarqués encore. Puis, quand nous embarquerons, nous ne serons pas encore à Sébastopol, et quand nous serons à Sébastopol, tout, je te le répète, sera terminé. Nous arriverons comme M. de la Palisse, quinze jours après la bataille.

» C'est étonnant comme on peut voir la même chose de bien des manières. Je me trouve très-heureux pendant que tu me vois dans un abîme de maux.

» Voyons, ma mère, aie un peu de force morale. Quand tu le veux, ce n'est pas le courage qui te manque, malheureusement, sur ce sujet-là tu n'entends pas facilement raison. Je t'affirme que je suis très-content d'aller en Orient, j'espère en revenir dans quelques mois, blessé légèrement, médaillé et réformé; ça abrégera mon congé de deux ans et quelque chose.

» Au surplus, je remets tout entre les mains de Dieu; il sait mieux que nous ce qu'il est bon qu'il m'arrive.

» Imite-moi ! Je sais bien que ta position est plus malheureuse que la mienne; tu es âgée, presque infirme ; tu n'avais qu'un enfant, et la loi te l'a retiré. Mais quand tu te désoleras, quand tu useras ton cerveau dans des chagrins qui dépassent la limite du raisonnable, cela adoucira-t-il ta peine? Nullement; tu ne fais, au contraire, que l'aggraver. Voyons, rappelle-toi bien des choses qui se sont passées. Nous avons à plusieurs époques regardé notre position comme désespérée; cependant, nous somme sortis de cette impasse que nous regardions comme étant sans issue. Si le service ne m'avait pas pris, je me serais, avec le temps, créé une existence médiocre, mais tranquille et heureuse. Crois-tu donc que tout soit désespéré, parce que Dieu m'a appelé au service de nouveau. Je ne pense pas comme toi alors, car je pense bien qu'à mon retour à Versailles, je serai facilement casé.

» Il est malheureux que tu ne vois pas les choses comme moi; si cela était, tu serais beaucoup moins malheureuse. Il nous est arrivé un accident fâcheux sans doute, mais ça n'est pas le premier. En définitive, voyons; que peut-il m'arriver? Rien que Dieu n'ait voulu, que Dieu ne veuille. Alors à quoi bon y penser? Je lui remets et lui confie tout.

» Je t'embrasse de tout mon cœur, et te recommande, en attendant que je revienne (car je reviendrai, sois tranquille), de faire tranquillement ta petite besogne, et de te soigner le plus que tu pourras. Bois un peu de vin, nourris-toi. Ne pense pas à faire des économies. Une fois sur le vaisseau, l'argent que j'ai ne me sert plus à rien; aussi, vais-je tout dépenser utilement. »

Toulon, ce 18 décembre 1854.

« Ma pauvre bonne mère,

» Je t'embrasse de tout mon cœur.

» Il me semble que tu es inquiète et malade. Je t'écris donc et prie, en faisant ma lettre, pour que mes pressentiments soient dénués de fondement. Que le Seigneur te vienne en aide au milieu des épreuves par lesquelles il te visite; qu'il te conserve jusqu'à mon retour, qu'il me fasse la grâce de revoir encore ma pauvre petite et si dévouée mère. C'est là mon vœu le plus ardent ; tous les autres disparaissent devant celui-là. Tu as tant fait pour moi, qu'il m'est tout à fait douloureux de ne pouvoir t'être utile en rien. Ma santé est bonne, grâce à Dieu, mais la tienne?...

» Si la volonté du Seigneur est que j'aille en Crimée, il ne faudra pas, ma mère, te tourmenter lorsque mes lettres ne t'arriveront pas régulièrement. Tu comprends qu'il est impossible qu'il en soit autrement. Le transport des lettres par la voie maritime ne s'effectue pas avec une aussi grande précision qu'en France. Je te recommande toujours, et insiste avec force sur tes besoins religieux. Lis souvent ton Nouveau-Testament. Médites-en les divers enseignements. La vie d'ici-bas n'est, souviens-t-en, qu'un bien court pèlerinage.

» Quand notre poudre retourne en poudre, notre âme s'envole vers le Créateur.

» Trop souvent nous oublions cela, trop souvent nous souhaitons certaines choses d'ici-bas avec une ardeur qui donnerait à croire que nous regardons le bonheur terrestre comme étant le seul but assigné à notre activité. Nos affections sont trop vivaces. L'amour d'une mère pour son enfant, en particulier, est certainement chose respectable et touchante, mais il ne faut pas que la créature fasse oublier le Créateur. *Nous* devons aimer Dieu par dessus toutes choses, nos autres affections ne viennent qu'après. Je te rappelle ceci, ma mère, parce que nous l'avons tous les deux quelquefois oublié. Pauvre petite mère, ta vie n'a été qu'un long acte de dévouement, qu'une série de peines et de chagrins. Enfin, tu le sais, il est dit par Christ dans l'Évangile : Heureux sont ceux qui pleurent, heureux sont ceux qui souffrent. Applique-toi ces paroles, ma mère ; pense souvent, pense toujours à cette patrie céleste dans laquelle nous sommes certains de nous revoir, et dans laquelle il n'y aura plus ni peines, ni pleurs, ni tourments.

» Je t'embrasse de tout mon cœur, ma petite mère, et demande à Dieu la grâce de te revoir un jour.

» Ton petit père,
» Louis Soullié. »

Toulon, ce 26 décembre 1854.

« Chère pauvre mère,

» J'ai eu hier, jour de Noël, le bonheur ineffable de prendre la sainte Cène ; j'espère que toi aussi, tu t'es assise à la table du Seigneur. Cet acte, si solennellement religieux, le devient plus encore lorsqu'on considère au milieu de quelles circonstances l'Homme-Dieu a créé le banquet eucharistique.

» Je t'exhorte à lire et à méditer les quatorze premiers versets du chapitre XIII des Hébreux.

» Je te dis aussi avec l'Évangile, ma mère : « Heureux celui qui souffre patiemment les tentations et les maux, parce que, lorsque sa vertu aura été éprouvée, il recevra la couronne de vie que Dieu a promis à ceux qui l'aiment. » (Jacques I, 12.)

» Ces paroles, ma mère, peuvent servir à notre sanctification commune. Nous sommes trop portés à oublier que les souffrances de la vie présente n'ont point de proportion avec la gloire qui sera un jour découverte en nous (Romains VIII, 18); que nous ne devons soupirer et gémir qu'après la rédemption et la délivrance de nos corps. Nous oublions aussi que tout contribue au bien de ceux qui aiment Dieu; que nous devons nous glorifier, non-seulement dans l'espérance de la gloire de Dieu, mais encore dans toutes nos afflictions, sachant que l'affliction produit la patience, la patience, l'épreuve et l'épreuve, l'espérance.

» Il ne faut pas cela, ma mère, nous devons toujours nous souvenir que le trop grand amour de certaines choses, de certains biens ici-bas, est ennemi de Dieu, car il n'est point soumis à sa loi et ne le peut être. Je t'écris ces choses, parce que je sais, parce que je sens que tes vœux sont exclusivement tournés vers une chose, à savoir mon retour, mon retour vers toi. Je le désire bien aussi, moi; mais il ne faut pas que cette idée, que ce besoin en absorbe d'autres certainement plus importants. Il ne faut pas, je te le répète, que l'amour voué à la créature fasse oublier l'amour dû au Créateur; c'est de cet écueil que je veux te préserver.

» Dans une de tes précédentes lettres, tu m'as dit que notre pasteur t'avait donné un guide en la personne d'une dame dont tu ne m'as pas dit le nom. Dans ta réponse, répare cet oubli. Je t'exhorte à la voir, et à suivre ses avis et ses exhortations.

» Je termine cette lettre en offrant à ta méditation religieuse les paroles suivantes : Qu'il se fasse en vous une transformation par le renouvellement de votre esprit, afin que vous reconnaissiez quelle est la volonté de Dieu (Hébreux, XII).

» Vous étant donc dépouillés de toutes sortes d'envies, comme des enfants nouvellement nés, désirez ardemment le lait *spirituel*, vous approchant du Seigneur. (I, Pierre, III).

» Je vous exhorte, mes bien-aimés, de vous abstenir, comme étrangers et voyageurs que vous êtes, des désirs charnels qui combattent contre l'âme.

» Ne soyez point surpris lorsque Dieu vous éprouve par la

feu des afflictions, comme si quelque chose d'extraordinaire vous arrivait; mais réjouissez-vous plutôt de ce que vous soyez aussi comblés de joie dans la manifestation de sa gloire. (I Pierre, IV-12.)

» Le Seigneur a les yeux ouverts sur les justes et les oreilles attentives à leurs prières.

» Conserve-toi en amour de Dieu, attendant la miséricorde de Notre-Seigneur Jésus-Christ. (Jude.)

» Attendant et comme hâtant, par tes vœux, l'avènement du jour du Seigneur. (Pierre.)

» Considérant comme le sujet d'une parfaite joie les afflictions qui te sont envoyées. (Jacques.)

» La grâce et la paix croissant toujours en toi par la connaissance de ton Dieu et Sauveur Jésus-Christ.

» Ton fils qui t'aime, L. SOULLIÉ.

» Nous allons, je crois, embarquer dans deux ou trois jours. Si cela arrive, il faut t'attendre à rester quelque temps sans nouvelles. La traversée est de quinze ou vingt jours. »

CONSEIL D'ÉTAT.

Commission des pétitions. — 2191.

« Madame,

» J'ai l'honneur de vous informer, par ordre de M. le président de la Commission des pétitions, que votre demande à l'Empereur, en date du 2 décembre 1854, vient d'être renvoyée à M. le ministre de la guerre, avec les pièces qui y étaient jointes.

» Agréez, Madame, etc.

» *Le secrétaire,*
» LESAGE. »

MINISTÈRE DE LA GUERRE. — DIRECTION DU PERSONNEL.

Bureau de l'infanterie. — 6408.

« Le ministre secrétaire d'État de la guerre fait connaître à Mme Soullié que sa demande ayant pour objet d'obtenir un congé en faveur de son fils, soldat au 14e de ligne, a été renvoyée aujourd'hui au général commandant en chef l'armée d'Orient en Crimée, qui est chargé d'examiner quelle suite doit être donnée à cette demande, aux termes des règlements en vigueur. »

(Demande rejetée.)

Toulon, 3 janvier 1855.

« Ma bonne petite mère,

» Nous embarquons après-demain, lundi, pour Constantinople, à bord du *Duperré*, vaisseau à voiles.

» Nous avons, grâce à Dieu, eu tout le temps de nous préparer à entrer en campagne. Remercions-le.

» Je te recommande toujours ta foi religieuse; nourris-la, fortifie-la; prie beaucoup; lis souvent dans ton Testament. Les traités religieux qui t'ont été prêtés te faciliteront la compréhension de ses divins enseignements. Je demande moi-même au Seigneur, aussi longtemps qu'il me laissera sur cette terre, de me conserver ou plutôt de me donner, car elles me manquent, les qualités qui caractérisent le chrétien. Je pense, à ce sujet, que si tous les soldats qui croient et qui espèrent, portaient haut et ferme le drapeau de la foi, s'ils étaient glorieux comme ils devraient l'être de ce nom de disciples de Christ, le plus beau, le seul beau parmi tous les titres, ils exerceraient une grande influence sur leurs camarades. Malheureusement, il en est rarement ainsi. Nous oublions trop, nous dissimulons trop ce que nous sommes, ou, du moins, ce que nous devrions être.

» J'ai, à ce sujet, de graves reproches à me faire, je suis obligé de me l'avouer; ma foi n'est pas expansive, du moins vis-à-vis de ceux qui m'entourent; je la concentre trop en moi-même; je laisse trop ignorer en faisant le bien et le juste, autant que je le puis, à quel mobile intérieur j'obéis. Je ne fais pas flotter autour de moi notre drapeau, l'Evangile.

» Enfin, demandons à Dieu que cela change; demandons-lui, ma mère, qu'unis tous deux de cœur et d'esprit, nous fassions monter vers son trône céleste les mêmes vœux et les mêmes prières, au nom de Notre-Seigneur et Sauveur Jésus-Christ fait homme.

» Ton fils qui t'aime,

» Louis.

» Désormais, quand tu m'écriras, adresse-moi tes lettres : — Armée d'Orient. — M. L. Soullié, caporal au 14º de ligne 3º du 2º, ci-devant à Toulon (Var), à la suite de son régiment.

» Je ne sais pas au juste si nous débarquerons à Constantinople ou si nous irons directement à Sébastopol; les bâtiments à voiles ne pouvant pas, nous dit-on, naviguer en ce moment dans la mer Noire, à cause des mauvais temps. La première hypothèse est vraisemblable.

» Quand tu verras Mme G..., dis-lui que je l'aime comme une sœur en la foi.

» Je t'écrirai aussi souvent que cela me sera possible; seulement, je te recommande de nouveau de ne jamais oublier qu'entre nous il y a six cents lieues de mer et que les lettres n'arrivent pas toujours avec régularité. »

Paris, 8 janvier 1855.
Ministère de la guerre. — Direction du personnel.
Bureau de l'infanterie. — N° 13259.

« Le ministre secrétaire d'Etat de la guerre fait connaître à Mme Soullié que sa demande ayant pour objet d'obtenir un congé en faveur de son fils, soldat au 14e de ligne, a été renvoyée aujourd'hui au général commandant en chef l'armée d'Orient, qui est chargé d'examiner quelle suite doit être donnée à cette demande aux termes des règlements en vigueur. »

(Cette demande fut rejetée).

Constantinople, 20 janvier 1855.

« Ma bonne mère,

» Nous voici heureusement arrivés au port. Grâce à Dieu, notre traversée a été on ne peut plus heureuse ; le temps nous a toujours été favorable. Je n'ai pas eu un seul instant le mal de mer; il y en a eu peu de cas, il est vrai, parmi nous. Nous étions sur un voilier à deux ponts; or, cette classe de bâtiments est la meilleure pour voyager. Je te crois ou plutôt je te sens inquiète, c'est pourquoi je me hâte de t'écrire ceci : bientôt, je l'espère, je t'écrirai une lettre plus longue.

» Je te recommande à notre grand Dieu et Sauveur Jésus-Christ. Je t'aime de tout mon cœur.

» L. Soullié. »

Devant Sébastopol, 1er février 1855.

« Ma chère bonne petite mère,

» Que le Seigneur nous aime, qu'il nous inspire et nous protége, demande-lui.

» Je suis arrivé sans malheur, Dieu l'a voulu ainsi, devant cette malheureuse ville, travaillée et dévastée de tant de manières. A quelques pas de la mer, on travaille sous le feu de la ville ; les boulets roulent. Je te dis ceci, pauvre mère, afin de te faire comprendre que si, en face du danger, car il est réel actuellement, je suis calme et froid, c'est que devant moi et au-dessus de cette existence misérable à laquelle je ne tiens guère, il y a un avenir heureux et plein de cette tranquillité que ne comporte point cette terre corrompue des enfants des hommes.

» Si j'étudie ce que j'éprouve en ce moment, le sentiment qui me domine est l'attendrissement. Je suis ému d'abord en pensant que si loin de moi et sans me connaître, il y a des hommes qui m'aiment et qui prient pour moi. Je suis un assez mauvais chrétien et je suis bien loin de faire mon devoir; mais si je ne le fais pas, j'aime ceux qui le font, car je voudrai pouvoir le faire. Aime Dieu, ma mère, et aime ceux qui l'aiment. J'ai un ami dans un escadron d'artillerie qui est à Balaclava, je veux faire mon possible pour le retrouver aussitôt que je serai casé. Si Dieu l'a conservé en ce monde jusqu'à ce jour, j'espère y arriver. J'ai peu de chose à te dire à tous autres égards, le temps me manque d'ailleurs, pauvre petite mère, si courageuse, si dévouée, et qui a tant souffert.

» Je donnerai cette lettre demain au vaguemestre, et elle partira pour la France. J'y ajoute pour toi, ma mère, un baiser dans lequel je résume tout ce que ma poitrine, tout ce que mon cœur peuvent renfermer de sentiments aimants et reconnaissants.

» S'intéresser à toi, c'est s'intéresser à moi. Je remercie donc madame G*** de l'affection qu'elle te témoigne, ainsi que les autres personnes dont tu me parles.

» Il y a chez moi, en ce moment, de l'affection pour les Anglais ; parce qu'ils partagent ma foi et aussi à cause de leur nature froide, calme et résignée qui me plaît.

» Je viens de toucher une superbe capote à pèlerine et à capuchon ; nous devons toucher demain des tentes turques contenant seize hommes chacune, des peaux de moutons, des sabots et des chaussures en laine ; dans ce costume je ressemblerai parfaitement à un ours blanc..............

» Ton petit père qui t'aime,
» LOUIS. »

Devant Sébastopol, ce 12 mars 1855.

Chère bonne petite mère,

» Nous avons eu la nuit dernière un engagement sérieux avec les Russes ; le bombardement a commencé. Par la volonté miséricordieuse de Dieu, je suis revenu sain et sauf des dangers qui nous ont environnés. Dans quelques jours probablement on donnera l'assaut. Fasse le Seigneur que la prise de Sébastopol termine cette guerre. Je suis bien fatigué en ce moment. J'ai écrit il y a quelques jours à M. J....; je profiterai cependant de cette occasion pour te prier de lui transmettre mes compliments, aussi à madame G***. Dans quelques jours je t'écrirai probablement une lettre pour te dire que tout est terminé. Nous sommes toujours privés de pasteurs. M. C..... n'arrive pas. Le temps me semble bien long. J'aime tant entendre la parole évangélique. A Toulon, j'étais heureux, Dieu a permis que presque tous les dimanches je fusse libre d'aller l'entendre. Deux fois seulement, cela m'a été impossible. Je ne t'ai pas encore dit que j'y étais instituteur. J'enseignais à lire aux petits enfants ; j'ai passé de bien doux instants : j'y pensai tout à l'heure ; maintenant je m'ennuie et je suis triste. J'ai un sujet de satisfaction, c'est la presque certitude de n'avoir encore tué personne. Je demande à Dieu que dans les jours qui vont suivre et qui seront sans doute périlleux, il me fasse la grâce d'être placé dans des conditions telles qu'il me soit possible d'épargner ces malheureux Russes.

» Au revoir, ma mère ; mon amour est avec toi et avec tous nos amis chrétiens.

» Ton fils qui t'aime,

» Louis Soullié. »

Devant Sébastopol, ce 7 mars 1855.

« Ma pauvre bonne petite mère,

» Je profite d'un moment où un peu d'encre est à ma disposition, pour t'écrire une courte lettre.

» Dieu veille toujours sur moi. Nous avons, il y a deux jours, couru quelques dangers ; beaucoup de mes camarades sont morts, et je suis rentré au camp sain et sauf.

» Je voudrai bien que l'assaut se donnât et qu'on en terminât. Nous ne sommes plus dans les tranchées, dans certaines parties des tranchées du moins, qu'à quarante mètres des Russes, du côté du bastion du Mât notamment. Il m'est arrivé, il y a deux jours, dans une embuscade de nuit, de voir trois russes debout à cinq pas de moi. Nous n'avons pas tiré, nous avons eu tort, car ils ne nous ont pas imités. Pourtant ces hommes sont eux aussi des créatures de Dieu, car ils ont aussi une âme immortelle, dont le salut est important; et dans un ordre d'idées moins élevées, eux aussi sont les enfants de quelqu'un. Comment concilierai-je mes devoirs de chrétien et d'homme avec mes devoirs de soldat? Quand on voit couler le sang de ses camarades, quand ils tombent mutilés devant vous, alors en dépit de tout, la colère vous prend, le sentiment de la conservation personnelle l'emporte sur tous les autres; mais après, c'est bien triste, du sang partout. Enfin, je t'ai écrit une lettre il y a quelques jours; si je t'écris celle-ci si vite, c'est que je sens l'inquiétude qui te domine. Je voudrais pouvoir le faire tous les jours, mais cela m'est impossible.

» Je t'embrasse de tout mon cœur, ma bonne mère, en conservant toujours l'espérance que, grâce à Dieu, je te reverrai un jour. »

Constantinople, ce 31 mars 1855.

« Ma bonne petite mère,

» J'ai aujourd'hui vingt-trois ans. Je t'écris pour l'anniversaire de ma naissance. Marchal, mon ami, est toujours avec moi; il est toujours à mon ancienne compagnie, à la 5e du 2. J'ai eu tort dans ma dernière lettre de me plaindre un peu : tu t'es affligée, et c'est une source de plus de chagrins pour toi. D'ailleurs, depuis que je t'ai écrit, on a modifié notre manière de vivre; nous sommes beaucoup mieux à tous égards : nous avons le café le matin et la soupe, une bonne soupe deux fois par jour : le pain abonde. Tu ne te fais pas non plus, ma pauvre petite mère, une idée exacte du pays dans lequel nous sommes, et de notre genre de vie. Nous avons eu, lors de l'embarquement à la fin de janvier, quelques jours de peines, de souffrances je dirai même, à cause du froid, des vents, de la neige; mais par la volonté de Dieu, cela n'a pas duré, et je te dirai une vérité, ma mère, en

— 38 —

t'affirmant que les hommes qui campent actuellement en Crimée ont moins de mal, ont moins de peines physiques que ceux qui occupent certaines garnisons, telles que Lyon, Lille, Rouen, etc. Nous avons notre genre de fatigues, mais pour ma part j'y suis habitué. Le temps est toujours beau, les journées sont chaudes depuis fort longtemps; la nuit, nous sommes bien couverts; de quoi nous plaindrions-nous donc? Il y a les dangers, me diras-tu : mais, ma mère, les dangers n'atteignent un homme que par la volonté de l'Être tout-puissant qui compte les cheveux de notre tête, et sans la permission duquel un seul ne peut tomber.

» Nous avons, Marchal et moi, passé, il y a quelques jours, d'heureux moments; nous avons eu un service religieux célébré par un vénérable ministre de l'Évangile. En écoutant ces nobles et saintes paroles j'étais bien heureux, si heureux, que les larmes me venaient aux yeux; malheureusement, ç'a n'a été qu'un bien court instant, les préoccupations et les soucis de notre vie de soldat nous ont bien vite ressaisi. Notre pasteur nous a quitté, ses devoirs l'appelaient ailleurs; il doit être remplacé par un autre évangéliste; j'attends sa venue avec une bien vive impatience. Pour ces serviteurs de Christ qui viennent nous consoler, nous conseiller et nous donner du bonheur autant qu'il est en eux, je donnerais tout mon sang; j'avais été privé si longtemps de la parole de vie, qu'elle me semblait, plus encore qu'à Toulon, renfermer le bonheur en cette vie et dans l'autre. J'ai serré mon Testament sur mon cœur, comme le trésor le plus précieux, comme le seul trésor que le ciel ait donné aux enfants des hommes. Je voudrais bien pouvoir vivre dans une atmosphère aussi pure que celle au milieu de laquelle j'ai passé plusieurs heures; malheureusement, cela m'est impossible. Que la volonté de notre Père céleste soit faite.

» Que la grâce de notre grand Dieu et Sauveur Jésus soit avec nous.

» Ton fils, Louis. »

Devant Sébastopol, ce 17 avril 1855.

« Chère bonne petite mère,

» La lecture de ta lettre m'inspire quelques réflexions dont je vais te faire part.

» Nous sommes, malheureusement, tous enclins à méconnaître dans nos tristesses cette volonté souverainement sage et bonne de laquelle il est écrit : Autant les cieux sont élevés au-dessus de la terre, autant les voies de Dieu sont élevées au-dessus de nos voies.

» Dans chaque épreuve, nous voyons un châtiment.

» Il ne faut pas cela. Nous devons nous faire des idées plus justes et plus chrétiennes des œuvres de l'Éternel-Dieu ; nous devons nous rappeler toujours que c'est par les chagrins que Notre-Seigneur nous visite ; ils purifient notre cœur, fortifient notre foi et sont, d'ailleurs, destinés à nous rappeler que cette terre n'est pas un lieu de repos pour nous. J'ajoute encore quelques mots sur ce point. Quand nous allons à Dieu, ce ne doit pas être pour être délivrés de nos peines, mais pour être garantis du péché Il nous faut songer à Christ, plutôt comme au Sauveur mort pour racheter les péchés des hommes, que comme à un consolateur ou à un remède. Le Seigneur peut et doit sans doute être invoqué pour la réalisation de nos vœux terrestres, mais dans de justes bornes. Ce que nous devons d'abord, et par-dessus tout, lui demander, c'est ce qui, malheureusement, nous manque, le besoin de le chercher pour être sauvés. En trouvant le salut, nous trouverons la paix de l'âme, la guérison de toutes nos meurtrissures et une force nouvelle pour vivre et pour souffrir.

» Je vois, ma petite mère, dans ta lettre, que Mme G... est toujours bonne pour toi ; dis-lui que je suis, à son égard, pénétré de reconnaissance ; tout ce que je regrette, est de ne savoir comment la lui témoigner, mais le Seigneur a d'immenses trésors de gratitude, il acquittera ma dette et comblera de ses grâces celle que mes prières lui recommandent. Je réunis dans une même pensée affectueuse Mme G.. et ces deux dames anglaises dont tu me parles dans ta lettre. Dis-leur qu'ici, dans notre camp, devant Sébastopol, une amitié réelle et une estime réciproque unit Français et Anglais.

» Pour moi, lorsque je puis, fût-ce même à mes dépens, faire plaisir à un Anglais, je t'assure que je n'y manque pas.

» Je ne vois rien autre chose à te dire, ma petite mère. Ah ! j'ai vu G.....; son régiment campe à Inkermann, à deux lieues du nôtre. Il a été promu sous-lieutenant, il y a quelques jours. Pauvre ami ! il ne connaît pas l'Évangile ; il ne vit que pour cette terre, aussi se trouve-t-il bien heureux dans sa nouvelle position ; puisse la grâce agir aussi en lui.

» Je termine cette lettre, je t'embrasse de tout mon cœur et espère avec la grâce et par la bonté du Seigneur, pouvoir le faire un jour en réalité.

» Ton petit père,
» Louis.

» Dès à présent, voici mon adresse : 14e régiment de ligne. — Louis Soullié, caporal à la 3e du 2. Nous avons, par suite de la nouvelle organisation, changé de corps, de division et de brigade. »

CONSEIL D'ÉTAT.
Commission des pétitions. — 4805.

Paris, 19 avril 1855.

« Madame,

» J'ai l'honneur de vous informer, par ordre de M. le président de la Commission des pétitions, que votre demande à l'Empereur en date du 17 mars 1855, vient d'être renvoyée à M. le ministre de la guerre avec les pièces qui y étaient jointes.

» Agréez, Madame, etc.

» *Le secrétaire,*
» Lesage. »

(Cette demande fut renvoyée au maréchal commandant l'armée d'Orient, qui la rejeta).

Devant Sébastopol, 28 avril 1855.

« Chère petite mère,

» J'attends avec impatience une lettre de toi. A la distance où nous sommes l'un de l'autre, il ne faut pas attendre l'arrivée d'une lettre pour en écrire une autre. Pour moi, chère mère, une lettre de France est un événement heureux. Écris-moi le plus souvent possible, j'en ferai autant.

» Je n'ai rien d'important à t'annoncer. Dans ma dernière lettre, je te disais que le bombardement de Sébastopol était commencé, et en effet, le lundi de Pâques, triste chose pour un si saint anniversaire, toutes nos bouches à feu ont, pendant quatre heures, tiré à volonté, mais cela n'a pas duré.

Pourtant, que faisons-nous là ? Je crains bien que ce siége ne dure indéfiniment, cette place est bien fortifiée.

» M. C..... notre nouveau pasteur est arrivé. J'ai été lui dire bonjour et lui serrer la main. Malheureusement je n'ai pas pu aller entendre le service de dimanche, nous étions dans les tranchées. Cela m'a été bien pénible. Je salue affectueusement et chrétiennement de ma part madame G***. Dis-lui que bien des fois dans le jour je pense à elle, ainsi qu'à tous tes amis chrétiens. M. J..... je te recommande quelques caresses pour ses enfants. Salue nos anciennes connaissances M. N..... et sa femme ; madame M....., tu ne m'en parles jamais, dis-moi ce qui est arrivé de nouveau dans la maison. Et de l'ouvrage ? En as-tu ? Si tu pouvais te procurer quelques-uns des numéros de l'*Union de Seine-et-Oise* et me les envoyer, tu me ferais bien plaisir. Mon cher Versailles ! Je serai bien heureux le jour où je le reverrai. Ce n'est pas que nous ayons réellement à nous plaindre. On a tout fait pour nous ; nous sommes, quant au bien-être matériel, beaucoup mieux qu'en France, mais enfin je ne suis pas dans mon pays et je ne suis pas dans mon élément, j'ai recours à l'influence toute puissante de mon Nouveau-Testament et j'éprouve fréquemment le bien qu'il me fait. Nous avons eu hier une revue du général Canrobert. Il nous a exhorté à la patience et au courage. C'est une brave et noble nature que celle de ce général. C'est l'homme le plus aimé de l'armée. Je t'ai dit que Gustave avait été promu sous-lieutenant. J'ai été le voir à Inkermann depuis sa promotion ; je l'ai trouvé bien malade. J'ai vu le beau-frère de Léon R..... Nous nous sommes rencontrés dans la tranchée. J'ai vu aussi Jules L..... Il est soldat au 42e de ligne.

» Puisque nous travaillons avec le Seigneur, il nous faut prier pour que ce ne soit pas en vain que nous ayons reçu les paroles de vie (2 Cor.). Revêtissons-nous du nouvel homme créé à l'image de Dieu dans une justice et une sainteté véritable (Ephés. XVIII).

» Rachetons le temps, car les jours sont mauvais (Ephés. V). Affectionnons-nous aux choses qui sont en haut et non à celles qui sont sur la terre, nous conduisant avec toute sorte d'humilité et de douceur (Ephés. IV) ; afin qu'il n'y ait point de division dans le corps, mais que les membres aient un soin mutuel les uns des autres, car nous sommes les membres du corps de Christ, étant de sa chair et de ses os (Eph. VI).

» Afin que lorsque Christ, qui est notre vie, paraîtra, nous aussi paraissions en sa gloire (Colos. IIV, 7).

» Que les grâces et la paix soient avec tous ceux qui aiment notre Seigneur Jésus-Christ.

» Je te prie, ma mère, de lire le chapitre de la 1re épître de saint Paul à Timothée.

» L. SOULLIÉ. »

En mer, le 1er mai 1855.

« Chère petite mère,

» Je t'écris cette lettre, étant à bord du vaisseau anglais : *la Princesse-Royale*, je ne sais pas où il nous conduit. Après une nuit de combat dans lequel nous avons cruellement souffert, on nous a donné l'ordre d'embarquer. Nous sommes déjà à plus de dix lieues de Sébastopol. Le bruit court que nous allons en Circassie. Je ne puis rien t'affirmer. Nous formons une colonne forte de 8 ou 10 mille hommes. Personnellement, je suis content de ne plus être à Sébastopol. La guerre des tranchées me va moins que toute autre. On ne reçoit jamais que des bombes et des obus. Je t'écrirai lorsque nous serons arrivés quelque part. Sois sans inquiétude aucune, chère petite mère, Dieu qui m'a si visiblement protégé jusqu'à présent, sera avec moi jusqu'à la fin. Nous nous reverrons. Ma santé, en dépit de tout, est toujours excellente, et je ne regrette point sous ce rapport d'avoir quitté Toulon.

» Salue de ma part M. J***. Prie-le de m'écrire, embrasse ses enfants pour moi. Je n'oublierai pas madame G***. Je termine, chère mère, en te recommandant à la grâce du Sauveur envoyé de Dieu. » Ton fils qui t'aime,

» L. SOULLIÉ. »

Devant Sébastopol, ce 13 juin 1855.

« Chère bonne petite mère,

» Il y a bien longtemps que je ne t'ai écrit, n'est-ce pas ? Peut-être ai-je eu tort. Peut-être as tu été inquiète, agitée, je répare ma faute en ce moment.

» Je t'embrasse de tout mon cœur.

» Par la volonté de Dieu, j'ai été épargné au milieu de nombreuses victimes. Je dis épargné, peut-être ce mot ne convient-il pas, car la vie terrestre ne mérite point en vérité, qu'on y attache une importance bien grande. Elle est un don de Dieu et en cette qualité nous ne pouvons, nous ne devons pas la dédaigner. La prière du Seigneur, cette divine oraison qu'aucun homme n'a jamais pu imiter, que le petit enfant répète dans la simplicité de son cœur, et que le chrétien prononce à chaque instant de sa vie, cette prière nous attache en quelque sorte à cette vie par cette parole : « Donnez-nous » aujourd'hui notre pain quotidien. » Les paroles par lesquelles notre Seigneur nous a appris à demander à Dieu tout ce dont nous avons besoin, reviennent en effet à celles-ci : « Donne-nous, Seigneur, le pain qui nous sera nécessaire cha- » que jour pendant tout le temps que tu nous donnes à vivre ! » Christ a voulu que nous nous adressions à Dieu non-seulement pour les besoins de notre âme, mais encore pour obtenir de lui toutes les choses dont nous avons besoin par rapport à cette vie. Une pensée qui découle naturellement de ces paroles est celle-ci : puisque Dieu nous a donné le mouvement et l'être, c'est encore lui qui nous accorde ce qui nous est nécessaire pour les conserver. La piété ne nous défend pas de l'aimer et de travailler à sa conservation. Seulement nous devons prendre garde que cet attachement à la vie ne soit point excessif et nous devons toujours être prêts à y renoncer lorsque la gloire de Dieu et notre devoir nous y appelleront. Je ne fais cas de rien ; ma vie même ne m'est point précieuse, pourvu que j'achève avec joie ma course et le ministère que j'ai reçu du Seigneur pour rendre témoignage à l'Évangile de la grâce de Dieu (Paul, etc., I, 20-24).

» M. Bœrig est arrivé au camp. Son ministère y sera béni, j'espère, comme celui de ses prédécesseurs MM. Frossard et Chardon. Ce dernier est mort, j'ai eu le regret de te l'annoncer dans ma dernière lettre.

» Nous n'avons rien eu de nouveau depuis ma dernière lettre. Les troupes de la garde, assistées de vingt bataillons, ont enlevé le Mamelon Vert et les redoutes dites les Ouvrages blancs. Les Anglais ont pris possession des carrières. Pour obtenir ce résultat nous avons essuyé des pertes cruelles. Il a été tué deux généraux, quatre colonels, soixante-dix-neuf officiers et trois mille hommes. La tour Malakoff sera sans doute prochainement attaquée. Quand nous en serons maîtres, la ville sera bien prête d'être réduite ; elle sera tout au moins inhabitable. Pour nous, premier corps de siége, notre grand coup sera dirigé sur le bastion du Mât, le bastion central et le fort de la Quarantaine. A chacun sa tâche. Puisse celle-ci, si contraire aux lois divines, être bientôt achevée. Écris-moi, ma mère, écris-moi souvent ; les lettres qui me viennent de France sont mes seuls plaisirs.

3.

» Remercie M. J..... en mon nom. Les journaux me font un véritable bien. Salue affectueusement de ma part la bonne madame G..., salue aussi tous nos amis, puisque nous en avons, me dis-tu. Veuille l'Auteur de toute grâce excellente et de tout don parfait nous bénir tous et nous réunir en son ciel.

» Ton fils qui t'aime,

» L. Soullié. »

Devant Sébastopol, 30 juin 1855.

« Ma bonne petite mère,

» Que notre grand Dieu nous bénisse, qu'il nous accorde le salut éternel par sa miséricorde infinie; c'est par un effet de sa bonté que je vois ce jour, qu'il ne permette pas que je l'offense en aucune manière. Nous venons de livrer aux Russes une série de combats de tranchées. Les plus saillants ont eu lieu pendant les nuits des 1er au 24 mai. Pendant la nuit du 1er au 2, nous avons été au feu comme travailleurs d'attaque. Pendant que la légion étrangère et le 46e se battaient, nous travaillions au milieu des cadavres pour détruire les embuscades russes et construire une nouvelle tranchée. Le combat a duré huit heures, le 14e a perdu beaucoup d'hommes; comme toujours, nous avons triomphé. Pendant la nuit du 23 au 24, on a fait marcher la garde impériale; on l'a chargée d'enlever des redoutes russes qui criblaient nos tranchées de bombes et de boulets.

» J'ai reçu des lettres de France, dont une de toi, avec un mandat de 10 fr. Celle de madame G*** s'est croisée avec une autre que je lui ai envoyée, salue-la de ma part, ainsi que tous ceux qui s'intéressent à moi.

» Je t'embrasse de tout mon cœur,

» L. Soullié.

» Je t'envoie quatre fleurs que j'ai cueillies dans le cimetière russe que nous avons emporté. »

Bésika, le 7 juillet 1855.

« Chère bonne petite mère,

» Que le Seigneur te bénisse, qu'il te conserve la vie et la santé, qu'il te comble de mille grâces, je le lui demande en ce moment.

» Il y a eu un léger changement dans ma position. Ce changement eut une amélioration, le 14e a été détaché à Bésika pour travailler à des travaux de fortification. Nous sommes, maintenant, quittes des tranchées que nous avons tant battues!

» Les Russes peuvent faire tout ce qu'il leur plaira, on peut s'emparer de Sébastopol quand on voudra, ce n'est plus notre affaire; le travail, dans les commencements, m'a paru pénible. Même en Orient, on respectait l'article du règlement qui exempte les caporaux de toute corvée, de tout travail personnel. Il n'en est plus de même ici, nous travaillons au terrassement comme les simples soldats, je manie la pelle et la pioche sept heures par jour, de cinq à neuf heures du matin, et de trois à six heures du soir. Dans l'intervalle nous nous promenons; j'aime encore beaucoup mieux ce service que celui que nous quittons, nous dormons du moins tranquilles, nous ne craignons plus d'être réveillés pour aller au feu dans le milieu de la nuit, par la sinistre sonnerie du *garde à vous!* J'en remercie le Seigneur! je me fortifie beaucoup depuis que je travaille, je sens une nouvelle vigueur dans mes membres, j'ai un excellent appétit; bref, je me porte à merveille. En pensant aux victimes nombreuses tombées autour de moi, je remercie mon Créateur de me donner le temps de paraître devant lui.

» Je comprends l'inquiétude de M. *** à l'égard de son fils, je comprends l'inquiétude de sa mère et suis affligé, je puis dire que je l'ai vu et vu en très-bonne santé et plein d'ardeur; mais à l'endroit où je l'ai vu, il n'aurait pas été prudent de rester longtemps, je n'ai su ni le numéro de sa compagnie, ni celui de son bataillon; il me sera donc difficile de le retrouver. Cependant, et malgré l'éloignement où nous sommes l'un de l'autre, si sa mère me le demande, je me mettrai à sa recherche: parle moi de ça dans ta lettre, peut-être a-t-il écrit.

» Je me suis beaucoup rapproché de D**, je compte aller le voir en me promenant un de ces jours.

» Salue chrétiennement et affectueusement madame ***, embrasse ses enfants pour moi. Je ne reçois plus la *Semaine religieuse*. à quoi attribuerais-je cela? je tenais à cette lecture, elle me faisait du bien et à d'autres aussi. Marchal a toujours été ainsi que moi, gardé par le Seigneur; il n'est pas actuellement présent à son camp, sans cela, j'aurais été, en me promenant, le prier d'ajouter quelques mots à cette lettre. Rien de nouveau au camp concernant le siége.

Depuis quinze jours on ne tire plus. Espérance au Seigneur et confiance en ses promesses.

» Ton petit père,

» Louis. »

Strélitzka, ce 21 juillet 1855.

« Chère bonne petite mère,

» Je réponds à ta lettre qui m'a été remise hier *Les dangers qui me menacent* en ce moment ne sont pas bien grands, le 14e travaille, il travaille beaucoup; mais il ne se bat pas. J'ai peu d'espoir, ma mère, au sujet de ce jugement déclaratif d'absence, pourtant je tiens beaucoup à ce jugement. Dieu seul sait quand je cesserai d'être soldat; je remets tout entre ses mains. Il n'y a pas dans l'armée un homme qui désire plus ardemment que moi son congé, mais il n'y en a pas un non plus qui l'attende avec plus de calme et de patience. Les périls de la guerre m'effraient peu au fond, car je sais que si mon habitation terrestre est détruite, j'en aurai une autre dans les cieux qui n'a pas été faite de main d'homme. Je te le dis en vérité, je me trouve heureux dans mon métier, quoiqu'il me déplaise au plus haut point, j'ai le désir d'en sortir parce que j'ai une ambition, celle de travailler à l'avancement du règne de Dieu. En voyant les maux qui découlent de l'oubli et de l'ignorance des choses religieuses, je voudrais les répandre et les propager. J'ai, du reste, la confiance qu'un jour la terre les connaîtra. Pour une telle œuvre à accomplir je trouverai en moi de l'énergie, de l'ardeur.

» Je ne sais ce que Dieu, dans ses voies bénies, réserve dans l'avenir, mais si, par sa sainte volonté, je revois mon sol natal, je manifesterai la parole de Christ, et je ferai connaître son nom afin que l'amour immense dont il nous a aimé soit connu de tous.

» Je ne me fais nulle illusion à mon égard, je vois ma position sous son point de vue véritable; si je retourne en France avec ma libération, je me retrouverai chez moi tel que j'en suis parti, pauvre et ignorant, incapable de remplir aucune fonction difficile, mais il me faut si peu pour vivre, que bien certainement je pourrai le gagner, fusse à faire le métier que je fais en ce moment, celui de terrassier. Pour ces choses, je ne suis point en souci. Je sais que si notre Dieu nourrit les oiseaux du ciel, s'il revêt l'herbe des champs, à plus forte raison ne dois-je pas craindre, moi, à qui l'esprit rend témoignage que je suis un de ses enfants.

» Dans cette existence telle que je la prévois, médiocre, peut-être même, infime aux yeux des hommes, je travaillerai autant qu'il sera en moi, et en demandant à Dieu ses grâces toujours plus abondantes à ma sanctification personnelle, à ce but que Dieu, dès la création, assigne à l'homme. Peut-être en cela, suis-je le jouet d'une illusion, mais il me semble que dans l'avenir il me sera donné d'être utile à mes frères. Qu'il en soit ce que Dieu décidera.

» J'ai lu et médité ce matin le chapitre V de l'Évangile selon S. Matthieu : le Sauveur sur la montagne. En ces paroles saintes et remplies de la sagesse divine, notre Maître nous annonce que ceux qui, sur cette terre, sont vraiment bénis de Dieu, ce ne sont pas les riches et les puissants, ceux pour qui tout prospère, tout fructifie, mais bien au contraire, les doux et les humbles, ceux qui sont purs de cœur et miséricordieux, ceux qui souffrent et qui pleurent, ceux qui procurent la paix à leurs frères, ceux enfin à qui, par le don de la grâce, il a été donné d'être les disciples du Maître, le sel de la terre et la lumière du monde.

» Je n'ai rien à te dire de nouveau concernant les opérations du siége. Dans ma dernière lettre, je t'ai parlé de D... et de L...; réponds-moi à ce sujet.

» Salue chrétiennement de ma part nos amis de Versailles; je les aime tous et les réunis tous en mon cœur. J'ai reçu la lettre de M. J...; je répondrai aussitôt qu'il me sera possible; nous avons très-peu de moments à nous.

» Je t'embrasse de tout mon cœur, ma mère, et prie le Seigneur de paix de te la donner en toutes manières.

» Ton fils qui t'aime,
» Louis.

» J'ai reçu ton argent; je le garde, malgré quelques remords, parce qu'en vérité, cet argent me servira bien.

» Marchal est sergent fourrier; nous ne nous voyons qu'à grand'peine. Nous avons eu un frère, sergent au 43e, tué dernièrement; M. Roerick lui a fait donner la sépulture. »

Devant la baie de Strélitzka, 28 mai.

« Chère bonne mère,

» Que la grâce, la miséricorde et la paix soient avec nous.

» Salue de ma part tous ceux qui veulent bien s'appeler mes amis; prie les de m'écrire; quiconque m'envoie une lettre fait une bonne action. Je ne reçois plus de numéros de la *Semaine religieuse*. D'où vient cela? M. J... a été malade, m'as-tu dit ; il va mieux. La maladie est une des dispensations que Dieu envoie à certaines personnes pour les isoler, les détacher moralement du reste des humains. Il y a dans l'homme des instincts, des penchants de deux natures, les uns nous font tendre vers Dieu, les autres nous attachent à la terre; quelque chose de grand, de noble et de généreux s'allie en nous à des inclinations basses et corrompues. Cette constitution de notre nature, la Bible nous l'a expliquée par la faute de notre premier père. L'homme a été créé innocent et pur, mais, par le péché d'Adam, il s'est dégradé, il est tombé dans l'avilissement, dans la corruption. Maintenant, notre cœur est misérable, mais dans sa chute, il a conservé quelques traces de sa grandeur passée. Je dis ces choses au sujet de la maladie ; voici pourquoi : c'est que le chrétien, lorsqu'il est atteint par la maladie, envisage encore mieux qu'il ne le fait d'habitude, les choses humaines sous leur véritable aspect ; il apprend à ne pas même compter sur ce qu'il possède en propre, la santé ; ses idées terrestres, ses passions charnelles s'affaiblissent, et la partie immatérielle de son être reprend momentanément l'empire sur son corps affaibli. La maladie intermittente est donc, par un certain côté, chose bonne et agréable ; elle doit donc être reçue avec humilité et reconnaissance par le chrétien, puisqu'elle fortifie sa foi, puisqu'elle affaiblit ses penchants terrestres et qu'elle le fait tendre à la céleste patrie.

» Dieu m'a visité dans ces derniers temps par une maladie sans gravité, d'ailleurs, qu'il a envoyée, du reste, à presque tous les soldats de l'armée d'Orient : c'est un grand mal de bouche ; mes gencives ont été tellement enflammées, que l'usage du biscuit m'était devenu impossible, ce qui m'était fort pénible, puisque nous n'avons de pain que tous les trois jours. Aujourd'hui, cet état de choses est amélioré ; mes gencives ne me font plus mal, cela se comprend, je n'en ai plus, mes gencives ont disparu, elles ont pris leur congé ; est-il définitif? je l'ignore. Toujours est-il que j'ai des dents d'une longueur effrayante ; malheureusement, notre ordinaire n'a pas suivi la même progression.

» Mon mal, ou du moins ce que j'appelle de ce nom, car, en fait, je ne souffre pas, mon mal, dis-je, est maintenant porté dans les jambes ; elles sont, je ne sais pourquoi, sillonnées en plusieurs endroits de taches jaunes.

» Si ce mal est le scorbut, comme il est probable, dans un temps assez bref, il va me faire retourner en France. Sois tranquille, ma mère, Dieu veille sur moi ; les cheveux de ma tête sont comptés ; j'ai peu de sang, il est parfaitement pur, aucun danger n'est donc à redouter. Le scorbut partira à terre.

» En ce moment, je ne vais plus au travail; je me tiens coi, en attendant ce qu'il plaira à Dieu de m'envoyer; il m'a donné depuis fort longtemps déjà de savoir me résigner à sa sainte volonté en toutes choses.

» Quand même la mort devrait me prendre, je me rappellerais les paroles bibliques : la mort est le roi des épouvantements pour ceux qui n'ont pas l'assurance de leur salut et de leur réconciliation avec Dieu; mais pour celui qui a mis toute sa confiance en Christ, pour celui qui a reçu dans son cœur le gage de son bonheur éternel, qu'est-elle? la messagère de bonne nouvelle. Alors, le feu des Russes peut m'atteindre, que m'importe ? Aujourd'hui que je ne vois plus, chose désolante malgré tout, tomber autour de moi des hommes brisés et saignants, il m'est beaucoup plus facile encore de répéter, après Christ, s'il est possible : « O mon Dieu! que cette coupe s'éloigne de moi, mais toutefois, non pas ce que je veux, mais ce que tu veux. »

» Oui, et c'est par là que je termine. En toute chose, que la volonté de Dieu soit faite, et non la mienne. »

Devant Sébastopol, ce 21 août 1855.

« Chère bonne mère,

» Que la miséricorde et la paix de Notre-Seigneur Jésus-Christ soient avec toi.

» Nous avons quitté hier Strélitzka et nous sommes revenus dans notre camp de siége. J'ai fait ce trajet en voiture, car il ne m'est pas possible de marcher. Mon mal est le scorbut. Je ne souffre nullement, mais il m'est impossible de me servir de mes jambes pendant plus de dix minutes.

» Un de ces jours, je vais entrer à l'ambulance, pour, de là, être expédié à Constantinople, puis en France. C'est tout bonnement de la tranquillité qu'il me faut.

» Le scorbut, petite mère, provient de diverses causes. A bord, l'abus des viandes salées l'engendre; mais, pour nous, on peut, sans crainte, l'appeler la maladie de la misère. Ce sont toutes ces nuits passées sur le *qui vive*, couché le ventre à terre, dans la boue, dans la neige; qui m'ont donné le mal qui me domine aujourd'hui. Je dis ces choses, non pour me plaindre, car ce sont des nécessités de la guerre, et, autant qu'il a été possible, on nous les a évitées ; mais enfin, je t'explique la cause de mon mal.

» Je crois que si je vais en France, il me faudra un peu d'argent pour faire mon voyage.

» Je termine en te recommandant à la grâce du Seigneur.

» L. Soullié. »

Versailles, ce 5 septembre 1855.

« Mon cher petit ami,

» Je n'ai pas grand'chose à te dire ; je vais aller déposer à la poste quinze francs, en date du 27 août ; je t'ai envoyé un mandat de 10 francs, que tu n'as pas encore reçu maintenant. Que notre bon Père céleste et notre divin Sauveur sont bons ! ils veillent toujours sur nous. Tous nos amis chrétiens attendent ton retour avec une grande joie ; tant qu'à moi, je n'ai pas besoin de te dire ma pensée, ce sera le jour où je te reverrai, si Dieu m'en fait la grâce, le plus beau de ma vie.

» Je termine en t'embrassant, en te mettant sous la protection de ce bon Père céleste et en attendant le bonheur de te revoir.

» Ta mère,

» V. Soullié. »

Constantinople, ce 5 novembre 1855.

« Chère bonne mère,

» Que le Seigneur notre Dieu te comble de ses grâces et de ses bénédictions, ainsi que tu le mérites.

» Les voies de l'Eternel m'ont, comme je l'avais pensé, conduit à l'hôpital de Constantinople. Que sa sainte volonté soit bénie. Il ne faut pas, ma mère, t'effrayer outre mesure, comme je te crois susceptible de le faire, en me sachant malade. Le scorbut de terre n'est pas à beaucoup près aussi fâcheux à avoir que le scorbut de mer. Ses ravages ne sont ni aussi terribles, ni aussi prompts. Voici quinze jours que mes jambes ont commencé à me faire mal et je ne ressens pas encore de douleurs réelles, mon pied droit est enflé à la cheville, mes jambes sont tachetées de jaune, mais avec tout cela je ne souffre pas réellement, je marche sans aucune douleur ; seulement je marche à pas lents et j'aime à avoir un bâton. Mes jambes sont comme liées l'une à l'autre ; je ne puis les faire mouvoir qu'en mesure et cadence.

» Il n'y a pas de traitement pour les scorbutiques ; on les guérit en les faisant bien vivre.

» Je ne sais pas, ma mère, si mon mal durera assez pour que je puisse obtenir un congé de convalescence. Je crains de m'en être flatté trop tôt.

» Elles ne sont pas précisément difficiles à obtenir, cela ne dépend que du docteur de notre division, mais encore faut-il qu'il veuille nous la donner ; le nôtre est très-bon, c'est une nature d'élite.

» J'ai pensé, ma mère, que si tu pouvais faire connaître ta position à cet excellent homme, cela nous aiderait beaucoup.

» Pauvre mère, il y a bien longtemps que je ne t'ai vu ! Et mon cher Versailles ! Enfin, qu'en toute chose la volonté de Dieu soit faite et non la nôtre.

» Je t'embrasse, ma mère, et prie notre grand Dieu qu'il te bénisse et te conserve en sa sainte grâce.

» Ton petit père,
» Louis.

» Voici l'adresse de notre docteur :

» M. L.., docteur-médecin à l'hôpital de Ramis-Tchifflick, 7e division. Constantinople. Si tu peux lui faire écrire par une personne quelque peu influente, je considère le succès comme certain.

» Voici la mienne :

» Louis Soullié, caporal au 14e de ligne, à l'hôpital de Ramis-Tchifflich, 7e division, salle 61. Constantinople.

» Je t'avais demandé un peu d'argent en prévision d'un événement qui ne s'est pas réalisé. Cet argent me servira pourtant à améliorer ma position tant à l'hôpital qu'ensuite.

» Si j'obtenais une convalescence, je partirais aux frais de l'État et je rejoindrais au dépôt à l'expiration ; mais, avec l'aide du Seigneur, je crois qu'il me serait possible de ne plus rejoindre.

» Embrasse tous nos amis pour moi. »

Versailles, 18 septembre 1855.

Le pasteur de Versailles à M. Leclerc, chirurgien-major à Constantinople.

« Monsieur,

» D'après le bien que L. Soullié, caporal au 14e, dit de vous dans ses lettres à sa vieille mère, je n'hésite pas à vous écrire directement, quoique je n'aie pas l'honneur d'être connu de vous. Je prends la liberté de vous demander votre protection personnelle et votre appui, s'il le faut, auprès du chirurgien-major de votre division.

» Soullié est atteint d'une affection scorbutique et je ne doute pas que s'il pouvait obtenir un congé de convalescence, il ne fût plus promptement guéri par l'influence de l'air natal et des soins maternels.

» Soullié vous dira, Monsieur, quelle est la position de sa vieille mère et combien un congé de convalescence pourrait avoir d'avantages pour lui dans ce moment.

» Veuillez, monsieur le Docteur, aider de toute votre bienveillante influence, ce jeune soldat aussi intéressant par lui-même que par sa mère.

» Agréez l'assurance de ma parfaite considération.

» N...., Pasteur. »

Constantinople, le 20 septembre 1855.

« Chère pauvre bonne mère,

» Que le Seigneur te bénisse, qu'il te comble de ses grâces et nous réunisse en ce monde et dans l'autre. Je me recueille pour faire ce vœu et y adhère du plus profond de mon cœur.

» Le porteur du présent est un bon ami, à moi, un cœur excellent, un enfant de Versailles. Notre connaissance, quoique récente (elle s'est nouée sur le vaisseau qui m'a transporté il y a quinze jours, de Crimée à Constantinople), m'a paru bonne à établir et bonne à conserver.

» Je crois devoir te dire, ma chère mère, que ce brave et bon cœur est un zélé catholique. Cette différence de vues, dans des questions d'une importance réelle, est sans doute pénible, mais elle n'empêche point l'estime et l'affection ; ce sont les sentiments que je lui porte en raison de son caractère et de son cœur.

» Il te parlera de moi, de mon mal, et ce qu'il t'en dira te rassurera, je l'espère, sur l'issue de ce mal. Les voies de l'Éternel sont toujours miséricordieuses et bonnes, et je crois qu'en définitive sa sainte volonté est que nous ne soyons plus longtemps séparés.

» Notre intérêt bien entendu serait, je crois, que j'allasse au dépôt en convalescence ; étant là, je pourrais permuter avec un autre caporal, et, une fois installé dans le cadre du dépôt, il me serait certainement facile d'aller passer quelque temps à Versailles, et peut-être les difficultés qui naissent sous tes pas à chaque démarche, s'applaniraient-elles.

» Qu'en toutes choses cependant la sainte volonté de Dieu soit faite et non la nôtre.

» L. SOULLIÉ.

» Bonjour à nos amis, dans le Seigneur, peut-être nous verrons-nous bientôt, je le désire bien. J'ai écrit à M..... ces jours derniers, je t'enverrai sa lettre dès que je l'aurai. Au revoir. A bientôt, s'il plaît à Dieu.

» Ton petit père,
» LOUIS. »

Constantinople, 18 octobre 1855.

« Madame,

» Votre fils a été évacué sur les hôpitaux de France le 30 septembre, il a dû y arriver vers le 10, et je ne doute pas que vous n'ayez de ses nouvelles à présent. Je l'ai envoyé en France, afin qu'il puisse être envoyé ou en congé de convalescence, ou au dépôt de son corps, suivant qu'on le jugera nécessaire ; je crois pouvoir vous rassurer sur son état ; il avait le scorbut, mais pas d'une manière fort grave. Je fais des vœux pour qu'il vous tire de votre inquiétude le plus vite possible.

» Veuillez agréer, madame, mes salutations empressées.

» LECLERC. »

Camp de Baïdar, le 23 septembre 1855.

« Cher Soullié,

» J'ai été bien heureux, en lisant votre lettre, d'apprendre que votre maladie ne devait pas avoir de suites graves. Bénissons la main du Seigneur qui nous dispense avec sagesse tout ce qui lui plaît de nous envoyer. Je serais heureux d'apprendre qu'elle vous a conduit près de votre pauvre mère. Mais, mon cher, vous saviez que si vous ne deviez plus la voir ici-bas, vous la verriez là-haut dans des demeures plus pures et plus durables que les terrestres. Que pourrai-je vous dire, sinon comme Paul à Timothée, son cher fils, « que je ne cesse de faire mention de vous dans mes prières. »

» Mon cher ami, adonnez-vous de plus en plus à la crainte de Dieu; faites briller devant tous les dons que Dieu a mis en vous. N'ayez sujet d'aucune crainte au sujet de la foi. Sachez que Christ nous a sauvés et nous a appelés à une vocation sainte. Pour moi, mon cher ami, je ne suis jamais si malheureux, que quand je me sens éloigné de mon Dieu. Quand, par la faiblesse et la tendance de ma nature au mal, je me laisse entraîner par ce courant des passions de ma chair et de mon cœur, j'oublie, je le sens, la contemplation de la face du Seigneur, et lorsque le péché m'a rendu indigne de lui dire : « Père, aie pitié d'un malheureux qui ne cesse de t'offenser », la terre est pour moi un enfer (1). Aussi, grâce ! oui, grâce au Seigneur ! ces moments d'abattements ne sont pas fréquents; mais, ô coupable que je suis, ils le sont encore trop. Au moment où je vous écris, la seule pensée que dans quelques instants je serai dans la solitude pour implorer sur nous les dons du Seigneur, me réjouit plus que celui qui a trouvé de belles perles. Dans ma courte méditation, ni vous, ni votre mère ne seront pas oubliés. Quand aux terribles événements dont Sébastopol vient d'être le théâtre, le régiment n'a rien eu à souffrir ; nous devions attaquer le bastion du Mât après la prise du bastion central, et celle-ci n'ayant pas eu lieu, nous fûmes exempts de notre tâche. Le lendemain matin, l'ennemi lui-même avait abandonné ses positions et faisait sauter ses poudrières et ses mines. Je ne crois pas qu'un seul homme du régiment fut blessé ce jour-là. Je suis bien plus heureux maintenant, étant au bivouac, au moins les combats ont cessé ; beaucoup de vies d'hommes cessent d'être exposées; nous étions au pied de ces formidables remparts. Nous sommes, je crois, à environ vingt-huit ou quarante kilomètres de Sébastopol, le but (je le pense ainsi) de notre opération est de couper la retraite à l'ennemi, ou bien de le repousser jusqu'à Simferopol et au-delà. Nous sommes, vous le comprenez, sous nos tentes-abri, et comme les mauvais temps sont fréquents en cette saison, nous ne jouissons pas de tous les avantages ; cependant je ne me plains

(1) Il faut entendre ces paroles dans le sens où elles ont été prononcées. M..... a toujours eu une vie morale irréprochable, mais il parle ici comme chrétien.

pas, je suis heureux, grâce à Dieu : vous connaissez assez mon caractère qui a quelque analogie avec celui d'un bon vieillard suisse auquel on faisait cette question : « Il fait bien mauvais temps, n'est-ce pas, monsieur ? » et relevant sa tête déjà courbée, en fixant le ciel, semblait dire à son Dieu : « pardonne une créature qui t'outrage ; » il reprend avec calme : « le temps qu'il fait me plaît. »

» Combien nous serions heureux, n'est-ce pas, mon cher Soullié, si, comme cet homme qui, marchant sur les traces de Saül de Tarse, ne voulait savoir que Jésus-Christ, rien que Jésus-Christ crucifié ; si, comme lui nos cœurs étaient entièrement détachés de la terre et tournés vers les célestes demeures.

» J'ignore comment nos chers pasteurs qui sont dans la capitale du monde mahométan, ont appris mon nom. Le cher M. F....., peut-être, leur aura parlé de nous. Hélas ! je désire que Christ n'ait pas le même reproche à me faire, qu'à une de ses Églises : « Tu as la réputation d'être vivant, et tu es mort. » Priez beaucoup pour moi, cher Soullié, je sens le besoin d'être aidé par mes frères. Si ma lettre vous trouve à Constantinople, mille grâces à mes bien-aimés pasteurs. Nos frères pasteurs de Crimée vont bien, j'espère ; je suis un peu éloigné d'eux pour le moment. Demain nous allons planter nos tentes plus loin ; je serais heureux si là aussi j'éprouve de ces douces sensations de l'âme en communion avec son Sauveur. Quand vous écrirez à votre mère, saluez-la de ma part.

» Je n'ai plus revu R...., je crains qu'il ne lui soit arrivé quelque chose. On m'a dit que P..... était venu faire un tour par ici, mais qu'il n'avait pu nous venir voir. Il est de retour à Toulon.

» Nous sommes dans une forêt, nos soldats se chauffent à volonté. Une multitude de feux se font apercevoir de tous côtés.

» Je finis donc, mon cher ami, en vous remerciant de m'avoir écrit. Je demande à mon Dieu qu'il veille sur vous, et qu'il vous donne la grâce de son Saint-Esprit pour vous élever dans une sphère invisible où vous trouverez toutes les grâces de votre Dieu.

» Votre frère en notre commun Sauveur,

» M..., sous-officier au 14ᵉ. »

Avignon, 15 octobre 1855.

« Chère bonne mère,

» Je suis à l'hôpital d'Avignon. Sois sans inquiétude sur mon compte ; le Seigneur nous aime et nous protége.

» Il me serait possible d'avoir une convalescence, mais dans notre intérêt bien entendu, je préfère aller au dépôt. J'y permuterai avec un autre caporal, afin de ne plus retourner en Crimée.

» A bientôt le bonheur de te revoir, si telle est la sainte volonté de Dieu.

» Ton fils qui t'aime,
» L. Soullié.

» Un grenadier du 61ᵉ, blessé le 8 à Malakoff, m'a dit avoir vu tomber Gustave à côté de lui. Notre pauvre ami a eu, m'a-t-il dit, la jambe droite coupée. »

Tu m'écriras ainsi :

Monsieur Louis Soullié, caporal au 14ᵉ de ligne, 3ᵉ du 2, en convalescence à son dépôt, à Langres (Haute-Marne), l'attendre.

14ᵉ RÉGIMENT DE LIGNE.
Hôpital d'Avignon.
Billet de salle.

Le sieur Soullié, Louis, caporal, entré le 15 octobre 1855 ; par évacuation, sorti le 26. Observation de l'officier : *scorbut*, congé de convalescence.

Versailles, 18 octobre 1855.

« Mon cher petit ami,

» Je viens de recevoir ta lettre qui me fait un grand plaisir de te savoir en France ; mais ce n'est pas encore là que je désirerai te savoir, avec la grâce de Dieu. Dans la lettre que tu m'as écrite de Constantinople, tu me demandais que je fisse écrire une lettre par quelqu'un d'influent, au chirurgien-major : ceci a été fait ; je ne croyais pas que cette lettre te serait parvenue ; j'ai vu M. V..., notre pasteur. Je viens d'aller lui communiquer ta lettre, il m'a dit de te dire de tâcher d'avoir un congé de convalescence pour Versailles, qu'il ferait ensuite tout ce qu'il dépendrait de lui. Fais ton possible, cher petit ami, quand tu devrais entrer à l'hôpita quelques moments, et que notre bon Père céleste nous fasse la grâce de le faire réformer ; que sa sainte volonté soit faite, et non la nôtre. Tu me diras si tu as reçu mes deux lettres : l'une est datée du 27 août, l'autre est datée du 7 septembre. Si nous avons le bonheur d'obtenir ton congé, et que tu aies besoin d'argent, tu me l'écriras. Tous nos amis chrétiens désirent ton retour et te saluent chrétiennement.

» Je finis en t'embrassant de cœur, et je demande à Dieu la grâce de le faire prochainement en réalité.

» Ta mère,
» SOULLIÉ. »

Hôpital d'Avignon, 20 octobre.

« Chère bonne petite mère,

» J'avais l'intention de passer à mon dépôt avant d'aller à Versailles, mais le docteur ayant insisté bienveillamment, j'ai accepté, avec reconnaissance d'ailleurs, une convalescence de quatre mois. A l'issue de cette convalescence, si je n'obtiens pas une prolongation, je devrai retourner au dépôt.

» Je ne voulais pas t'écrire ceci ; je me faisais une fête d'arriver dans quelques jours à Versailles et de tomber sur toi comme une bombe, avec l'espérance d'être un peu mieux reçu, toutefois, car, enfin... mais ce temps-là est passé. Voici ce qui m'oblige à t'écrire : l'intendance exige qu'on ait de l'argent pour faire sa route ; je ne vois pas trop quel besoin on peut en avoir, puisque le gouvernement paie vos frais de transport et vous alloue, en outre, quarante sous par jour ; pourtant, c'est de rigueur.

» Envoie-moi donc, si cela t'est possible, cinq ou dix francs ; cet argent ne sera pas dépensé ; je me contenterai de montrer le mandat ; je suis contrarié de te demander toujours, à toi, qui as si peu ; mais, comment faire ? je ne partirai pas sans cela.

» Ecris-moi immédiatement ; nous devons passer une inspection lundi pour partir mercredi ou jeudi ; il y a dix ou quinze heures de chemin de fer d'Avignon à Paris. La dernière lettre que j'ai reçue est celle dans laquelle il y avait un mandat de 10 francs, je crains qu'il n'y en ait d'autres par monts et par vaux ; dis-le moi dans ta lettre. Que le Seigneur est bon, chère mère ; il y a peu de temps encore, nous considérions mon retour comme une chose quasi impossible ; tous les efforts se brisaient, toutes les tentatives échouaient ; Dieu l'a voulu. Et aussitôt les montagnes se sont aplanies, les obstacles ont disparu ; et qu'a-t-il fait pour cela ? il n'a rien bouleversé. Je ne suis ni blessé, ni malade à présent ; je n'ai jamais joui d'une meilleure santé ; mais Dieu voulait mon retour, et cela a suffi.

» C'est vers cette terre natale, vers ce petit pays de Versailles que je tends à présent. Quelques mois, sinon plus, d'une vie paisible et retirée me suffiraient. Puissé-je mûrir en la foi et grandir en sagesse spirituelle.

» Je remercie le Seigneur de ses grâces infinies et t'embrasse, petite mère, du plus profond de mon cœur.

» L. SOULLIÉ,

» Caporal au 14e de ligne à l'hôpital d'Avignon (Vaucluse). »

Un congé de convalescence de quatre mois fut accordé, le 23 octobre 1855, à Soullié, qui se retira à Versailles, chez sa mère, et entra chez un avoué comme clerc.

Ce congé fut prolongé de deux mois par M. le maréchal Magnan, commandant en chef l'armée de Paris. Voici la lettre par laquelle Soullié demanda une nouvelle prolongation.

« A Son Excellence Monsieur le ministre de la guerre.

» Monsieur le ministre,

» Sous le regard de Dieu et en le priant de bénir votre résolution, quelle qu'elle soit, je prends la respectueuse liberté de vous exposer ce qui suit.

» Je suis jeune soldat de la classe de 1852, mais ayant fait un congé de deux ans longtemps avant mon tirage au sort, je me trouve actuellement faire partie de celle de 1850.

» J'ai fait la campagne de Crimée avec mon régiment. Vers la fin du mois de septembre dernier, je suis rentré isolément en France, pour cause de maladie, avec un congé de convalescence de quatre mois. Cette convalescence prenait fin le 26 février dernier. Une prolongation de deux mois m'a été donnée par M. le maréchal commandant l'armée de l'Est.

» J'invoque un autre titre aujourd'hui, Monsieur le ministre, et demande un congé provisoire, à titre de soutien de famille. Voici les faits sur lesquels repose ma demande : je suis fils unique ; ma mère est âgée, infirme et sans ressource aucune; mon père est absent depuis 1833. Un jugement du tribunal de Versailles a déclaré cette absence ; une expédition de ce jugement est jointe à cette demande.

» Veuillez, etc.

» Versailles, 7 mars 1856. »

Cette demande fut appuyée par M. le maire de Versailles, et elle réussit. Soullié fut maintenu provisoirement dans ses foyers jusqu'à la rentrée en France de son régiment. Voici une lettre qu'il adressa, le 12 juin 1850, au commandant de son dépôt.

« Mon commandant,

» Je renouvelle aujourd'hui la demande qu'avant la signature du traité de paix j'avais eu l'honneur de vous adresser en demandant au Seigneur de la bénir et de lui donner le succès que n'a pas eu son aînée.

» Je suis jeune soldat; j'appartiens à la classe de 1850 ; j'ai fait la campagne de Crimée avec le régiment jusqu'au mois de septembre ; je suis rentré isolément en France pour cause de maladie ; j'ai été maintenu dans mes foyers par M. le maréchal Magnan pour y attendre la rentrée en France de mon régiment. Je suis en ce moment, en attendant ce fait, seul avec ma mère âgée, infirme, et dont je suis l'unique enfant et le seul soutien.

» Je m'adresse à vous, mon commandant, afin d'obtenir un congé de six mois, à titre de soutien de famille, et fait appel, pour la suite à donner à ma demande, à vos sentiments humains et généreux.

» Veuillez, etc. »

M. le maire de Versailles appuya cette nouvelle demande et un nouveau congé de six mois fut accordé à Soullié.

Au mois de juin 1856, Soullié entra comme pensionnaire à l'Ecole normale de la Société Evangélique de France et obtint son brevet d'instituteur à Versailles, le 31 octobre 1857.

Il resta à Paris comme instituteur, rue Madame, n° 36, jusqu'au mois de janvier 1862, où il quitta l'Ecole pour entrer au bureau de la mairie de Versailles et de là à la préfecture de cette ville (1).

---

(1) M. le maire de Versailles connaissait Soullié depuis son enfance et lui portait de l'intérêt. C'est par son influence qu'il entra à la préfecture et qu'il obtint en même temps la sous-direction

Quand Soullié fut privé de sa classe du soir et de sa leçon, il dut songer à se créer de nouvelles occupations.

Voici deux documents que nous trouvons sur lui pour cette époque.

Le premier est un imprimé ainsi conçu :

AGENCE PHILANTROPHIQUE
De placement des Enfants en apprentissage.

« Les personnes qui désirent placer leurs enfants en ap-
» prentissage, et les patrons qui désirent des élèves, peu-
» vent s'adresser : 35, rue Maurepas, tous les jours, de
» sept à neuf heures du soir.

» Cette Agence étant fondée dans l'unique but d'être utile,
»les services qu'elle peut rendre sont essentiellement gratuits. »

Cette Agence ne répondait à aucun besoin réel. La ville de Versailles possède des comités de patronage parfaitement organisés, mais Soullié ignorait, à cette époque, leur existence, et cette tentative, bien qu'infructueuse, peut du moins faire connaître la direction de ses idées à cette époque. Vers le même temps, Soullié réunissait chez lui quelques soldats auxquels il enseignait, le soir, gratuitement à lire et à écrire.

Le deuxième document est une lettre adressée par lui à M. le Président du bureau de bienfaisance de Versailles, lettre ainsi conçue :

Versailles, le 3 novembre 1863.

« Monsieur le président,

» Nous allons entrer prochainement dans la saison d'hiver ; à cette époque de l'année, la charité s'émeut. De toutes parts et sous des formes bien diverses, elle cherche à soulager les souffrances qui se produisent.

» Veuillez, Monsieur le président, permettre à l'un de vos plus obscurs concitoyens, de vous soumettre quelques idées qui le préoccupent depuis un certain temps.

d'une des classes d'adultes du soir établies par la ville. Soullié quittait son bureau à quatre heures, il allait immédiatement ensuite donner une leçon d'une heure et demie, puis, de sept à neuf heures il allait tenir sa classe. Malheureusement, cet état de chose ne dura pas ; l'enfant auquel Soullié donnait des leçons fut mis en pension, et un instituteur adjoint fut nommé par le conseil municipal. Il convient de dire que cette place d'instituteur-adjoint avait été proposée à Soullié, qui préféra rester à la préfecture.

» Je me suis demandé bien des fois pourquoi les bureaux de bienfaisance, au lieu de s'en tenir aux ressources que la loi leur assigne, ne chercheraient pas à s'en créer de plus abondantes. Le bureau ne pourrait-il, dans des réunions publiques semestrielles, par exemple, rendre compte à tous les habitants de la cité du bien qu'il a pu faire et de celui que le manque de ressources lui a empêché d'accomplir? Ne pourrait-il, dans des rapports imprimés de ses séances, donner les noms des bienfaiteurs de l'œuvre et stimuler la libéralité de chacun en établissant, au moyen de carnets, des cotisations mensuelles de cinq centimes par semaine? Qui refuserait de souscrire?

» Je pense bien, Monsieur le président, que les œuvres placées sous le patronage du bureau, et que je ne connais pas, subviennent à leurs besoins, au moyen des fonds qui leur sont présentement accordés; mais ne pourrait-on en créer de nouvelles? J'ai pensé quelquefois à l'annexion à notre hospice d'une salle destinée à recevoir, pendant deux ou trois jours, les étrangers voyageurs souffreteux; à l'établissement d'une maison de logement, à prix réduits, pour les jeunes ouvrières isolées, dont les occupations sont si peu rétribuées, à la création d'un entrepôt pour le travail des femmes de la ville qui peuvent s'occuper en chambre et échapper ainsi à l'influence démoralisatrice des ateliers; à l'établissement, *en tout temps*, de classes du soir pour les militaires de la garnison; à la création d'une Agence de renseignements pour la classe ouvrière, laquelle serait destinée à remplacer les bureaux de placement, comme la Caisse d'exonération de l'armée a remplacé les marchands d'hommes; à l'émission, par le bureau, de bons de travail d'une ou plusieurs journées; ces bons, souscrits par des chefs de maisons, seraient remis par le bureau aux indigents valides qui solliciteraient des secours; à l'émission d'autres bons, dits Bons anonymes, qui seraient remis sur paiement aux personnes bienfaisantes qui en feraient la demande, pour être, par celles-ci, adressés à l'indigent qu'elles veulent secourir; si le don devait être en nature, le bureau pourrait se charger de désintéresser le fournisseur auquel ce bon aurait été remis.

» J'ai pensé aussi à la création en hiver, d'un chauffoir commun pour quelques-uns des pauvres les plus nécessiteux (les femmes pourraient y être occupées), à l'organisation par de plus larges bases de nos comités de patronage d'apprentis, à l'établissement d'une bibliothèque, salon de lecture pour les membres de nos sociétés de secours mutuels, à la création aussi, quand possible, de quelques livrets de retraite pour des ouvriers ou des ouvrières nés à Versailles qui, soit dans nos écoles, soit à la société de secours mutuels, auraient toujours offert l'exemple d'une vie honorable.

» Je ne fais pas d'illusion, Monsieur le président. Pour réaliser le bien que je propose, il faudrait de l'argent, beaucoup d'argent, or, on ne pourrait s'attendre dans le début à de bien grosses recettes. Nous sommes habitués en France à charger l'Etat de tous les sacrifices, quitte à nous en prendre à lui, quand il ne peut empêcher le mal, mais je suis convaincu qu'avec les instincts généreux qui constituent le fonds de notre caractère national, il y aurait tout à espérer. La base des œuvres s'élargirait à mesure que les cœurs s'ouvriraient. Nous apprendrions à donner et à donner chrétiennement, c'est-à-dire, abondamment. Ceux qui souffrent se sentiraient relevés et apaisés par les témoignages publics de sympathie que leur donneraient ceux de leurs concitoyens favorisés par Dieu des dons de la fortune. Unis sur le terrain fécond de la charité, nous verrions les différences d'idées qui nous séparent s'effacer graduellement, les véritables amis des pauvres auraient un vaste champ pour lui témoigner leur affection ; enfin, et ceci n'est point à dédaigner pour qui va au fond des choses, nous réagirions puissamment contre cette tendance funeste qui pousse de plus en plus chacun à rechercher le bonheur dans la satisfaction égoïste et immodérée de ses jouissances personnelles, au lieu de s'attacher à développer en son cœur dans une large mesure les sentiments élevés qui portaient à la sympathie et à la bienveillance. Je vous soumets ces pensées, Monsieur le président, j'ignore le degré de mérite qu'elles peuvent avoir. Je désirerais, pour me résumer, que la charité privée fût organisée et qu'elle marchât parallèlement avec la charité légale en lui donnant la main.

» Veuillez agréer, etc. »

Soullié quitta les bureaux de la préfecture au mois d'août 1864 et tenta d'abord d'ouvrir une école à Versailles, ainsi qu'une école du soir pour les militaires ; cet essai n'ayant pas réussi, il adressa des demandes d'emploi comme instituteur dans diverses parties de la France ; n'ayant pas eu plus de succès, il écrivit à Alger et reçut la réponse suivante:

Alger, 13 janvier 1862.

« Monsieur,

» Par suite des renseignements favorables que j'ai recueillis sur votre compte, je vous ai fait inscrire sur la liste d'admissibilité aux fonctions d'Instituteur public en Algérie, mais vu le petit nombre des écoles spéciales à votre culte, il n'est pas probable que vous puissiez être appelé dans un avenir prochain.

» Recevez, etc. »

Soullié renonça alors à l'espérance d'avoir une école, il demanda à partir pour Taïti, mais échoua aussi. Il fit une démarche à Paris pour partir aux États-Unis et s'enrôler dans l'armée fédérale, mais le manque d'argent l'empêcha de réaliser ce projet. Il se mit alors à travailler à la terre pendant quelque temps dans une propriété privée, adressa au mois de mai 1865, une demande d'emploi de colporteur biblique ; n'ayant pas été accepté, il partit pour Guernesey, au mois d'octobre 1865, y resta pendant trois mois, revint à Versailles avec sa mère, partit pour Keighley (comté d'Yorck, Angleterre), en mars, comme maître de français dans un pensionnat, y resta un mois et revint à Versailles, où il sollicita l'obtention d'une place de facteur de la poste aux lettres.

Nous terminerons ce livre par la copie restée entre les mains de Soullié d'un petit traité destiné aux mères de famille, qu'il remit à une dame chrétienne de Versailles.

AUX MÈRES.

« Laissez venir à moi les petits enfants. »
JÉSUS.

« Chère madame,

» Je vous aime, et c'est l'affection que je vous porte, qui me décide à vous écrire cette lettre.

» Le Seigneur dans les versets ci-dessus indiqués et dans beaucoup d'autres encore, appelle à lui les petits enfants, or, nous savons que s'il est une époque dans la vie où l'on réponde facilement à un appel affectueux, c'est incontestablement à l'époque de la jeunesse, parce qu'alors l'expérience n'est pas encore venue altérer la candeur de nos sentiments et nous enseigner à garder notre cœur des impressions rapides par des observations multipliées, peut-être aussi par des déceptions plus ou moins nombreuses. L'enfance d'ailleurs, éprouve plus que tout autre âge le besoin d'aimer et d'être aimé. Or, personne n'est plus aimable que le Seigneur Jésus, et on ne saurait en même temps trouver un cœur plus aimant que le sien. Il serait donc bien désirable, chère madame, que vous et toutes les mères chrétiennes pussiez conduire à Jésus ce petit être qui ne vous a d'ailleurs été confié que dans ce but. Mais peut-être, madame, ne connaissez-vous pas encore le Seigneur, ou peut-être ne subissez-vous que d'une manière plus ou moins imparfaite, ses influences bénies. Veuillez en ce cas me permettre encore, madame, de vous dire quelques mots à toute liberté, et surtout en toute affection chrétienne. Si vous n'aimez pas Dieu, vous aimez au moins votre enfant, vous l'aimez d'un amour profond, et votre désir serait incontestablement que cet enfant répondît à votre amour. Vous voudriez aussi qu'il traversât honorablement la vie, et vous aimeriez enfin de pouvoir vous réjouir dans la certitude de n'être jamais, d'une manière définitive, séparée de lui.

» Eh bien, madame, pour atteindre ces divers buts, donnez d'abord vous-même votre cœur au Seigneur, consentez à être dans tous les détails de votre vie, fidèle à sa volonté et dirigée par son esprit, car alors vous offrirez nécessairement à votre enfant, vous lui offrirez dans sa jeunesse, c'est-à-dire à l'âge des impressions rapides et profondes, vous lui offrirez la vue d'une existence entièrement consacrée à la piété, au devoir et au dévouement. Comment se pourrait-il qu'alors votre enfant ne vous aimât pas? Dieu n'a-t-il pas établi dès l'origine des choses que tout arbre porterait son fruit? Et le fruit du dévouement, n'est-ce pas l'amour? Je ne me fais pas d'illusion, croyez-le bien, sur le compte des enfants; je les connais un peu et sais parfaitement tout ce que ces jeunes cœurs peuvent renfermer d'égoïsme et d'insensibilité réelle, mais je suis pourtant convaincu que si vous aimez votre enfant comme il faut, c'est-à-dire si vous l'aimez, selon le Seigneur, cet enfant, tôt ou tard, répondra à votre amour.

» Soyez certaine aussi que les influences sanctifiantes dont vous aurez entouré son berceau, soyez certaine que ces influences le protégeront plus tard contre les périls moraux qui surgiront sur sa route. Si vous êtes vous-même dès à présent, si vous vous montrez constamment à votre enfant sous les traits d'une fidèle servante du Seigneur, quand viendront pour votre fils les heures difficiles, les heures de luttes intérieures, de déchirement peut-être, votre fils à son tour pourra, lui aussi, supporter bien des choses, car alors même qu'il n'aurait pas complètement donné son cœur à Dieu, ce qui est le but que vous devez désirer d'atteindre ; en tous cas, au milieu de ses incertitudes et de ses indécisions morales, il verra tout au moins surgir sur sa route, entourant votre visage bien-aimé, l'auréole d'un amour profond sanctifié par la foi chrétienne et éprouvé par de longues années d'une vie irréprochable. Et votre pensée, votre souvenir peut-être évoquera dans son esprit et dans son cœur tout un monde d'idées, de sentiments, de souvenirs avec lesquels, croyez-le bien, il ne rompra pas volontiers. Il ne se décidera pas non plus facilement à contrister un cœur ou une mémoire qu'il n'aura pu qu'aimer et honorer.

» Ayez donc avec la foi, madame, bonne espérance, Dieu en vous donnant d'être mère, vous a en même temps mis au cœur pour vous rendre possible l'accomplissement des devoirs difficiles qui vous incombent, un trésor d'abnégation, de courage et d'amour. Sanctifiez ces dons par l'acceptation de sa grâce et soyez certaine qu'alors Dieu dans sa bonté réalisera vos vœux les plus chers.

» Il inclinera le cœur de votre enfant à vous aimer comme vous le désirez, il lui donnera d'accomplir chrétiennement son pèlerinage terrestre pour vous réunir ensuite dans cette éternité où votre cœur ne connaîtra plus ni les craintes, ni l'anxiété, ni l'angoisse, car il n'y aura plus alors ni péché, ni séparation, ni deuil, et le Seigneur lui-même essuiera les larmes qui maintenant coulent souvent de vos yeux.

» L. SOULLIÉ. »

Soullié écrivait aussi au journal *la Concorde de Seine-et-Oise* pour demander qu'on créât, pendant les soirées d'hiver, un cours de notions industrielles (à l'usage des ouvriers adultes).

FIN DES DOCUMENTS

(1re Série).

Versailles. — Imprimerie CERF, 59, rue du Plessis.

www.ingramcontent.com/pod-product-compliance
Lightning Source LLC
LaVergne TN
LVHW051456090426
835512LV00010B/2183